Criminal Defense Dialogues

2024年特辑

刘立杰／主　编
王馨仝　夏　俊／副主编

精华篇

法律出版社　LAW PRESS
北京

图书在版编目（CIP）数据

刑辩百人谈. 精华篇 / 刘立杰主编. -- 北京：法律出版社，2025. -- ISBN 978 - 7 - 5244 - 0036 - 3

I. D925.215.04

中国国家版本馆 CIP 数据核字第 2025VF0404 号

刑辩百人谈：精华篇
XING-BIAN BAIREN TAN: JINGHUA PIAN

刘立杰　主编

策划编辑　邢艳萍　石蒙蒙
责任编辑　邢艳萍　石蒙蒙
装帧设计　鲍龙卉

出版发行	法律出版社	开本	A5
编辑统筹	法律应用出版分社	印张 7　字数 149 千	
责任校对	朱海波	版本	2025 年 3 月第 1 版
责任印制	刘晓伟	印次	2025 年 3 月第 1 次印刷
经　　销	新华书店	印刷	保定市中画美凯印刷有限公司

地址：北京市丰台区莲花池西里 7 号（100073）
网址：www.lawpress.com.cn　　　　　　　销售电话：010 - 83938349
投稿邮箱：info@lawpress.com.cn　　　　　客服电话：010 - 83938350
举报盗版邮箱：jbwq@lawpress.com.cn　　　咨询电话：010 - 63939796
版权所有·侵权必究

书号：ISBN 978 - 7 - 5244 - 0036 - 3　　　　定价：58.00 元

凡购买本社图书，如有印装错误，我社负责退换。电话：010 - 83938349

编辑委员会

主　编：刘立杰
副主编：王馨仝　夏　俊
成　员：曹树昌　金　杰　张雁峰　王在魁
　　　　李秀娟　孟　粉　张春喜　周文达
　　　　王要勤　刘记辉　李　静　黄　凯
　　　　王志强　张德山　钱　浩　刘思菁
　　　　田振一

导　言

　　本书将收录于短视频栏目《刑辩面对面》(2025年将改版为《刑辩百人谈》)的往期内容整理成册,是《刑辩百人谈》精华篇。《刑辩面对面》是北京市京都律师事务所刑事二部为满足群众需要,对网友在线提问的高频刑事法律问题进行专业解答和分析的平台。其内容既包括对刑事案件当事人及家属普遍关心的刑事委托、刑事辩护、定罪量刑、刑罚执行等与刑事业务相关法律问题的知识答疑和普法宣传,也包括专业刑辩论坛上各位专家和律师的精彩发言片段。欢迎各位读者交流探讨,并给我们提出宝贵意见。

律 师 寄 语

　　刑事辩护是一个经久不衰、谈之不尽的永久话题,更是一个牵扯人生命运的重要话题。所以,《刑辩百人谈》不仅是一个行业内部的专业讨论平台,而且其具有引起更多人重视刑辩作用的社会意义。希望大家关注并关切《刑辩百人谈》。

——田文昌

　　《刑辩百人谈》力求找到传统刑法与新兴媒介的平衡点,通过短视频的形式,传递刑事正能量,展现有血有肉的刑法力量。京都刑辩团队敢于创新,勇于担当,欢迎大家积极踊跃地评论,我们会及时予以反馈,希望大家多多关注。

——朱勇辉

　　《刑辩百人谈》是一档集公益普法、案例分析、同行交流等于一体的短视频栏目,在这里,我们邀请了 100 名优秀的刑事辩护律师,为当事人和他们的家属答疑解惑,为同行交流搭建平台,为弘扬刑事辩护正能量呐喊。欢迎您关注《刑辩百人谈》,您身边的刑事法律专家。

——刘立杰

开局知奋进,《刑辩百人谈》这个栏目通过回答朋友们关心的问题,用最简单直白的方式,为百姓扫清法学知识盲区。欢迎大家把现实生活中遇到的刑事法律方面的疑惑留给我们,我们将以专业的知识、通俗的语言为您答疑解惑。

——曹树昌

始于责任,存于初心。为了更好地普及法律知识,弘扬法治理念,我们推出了《刑辩百人谈》,希望大家多多关注,也希望提出宝贵的意见。

——张雁峰

《刑辩百人谈》是一档公益普法栏目,我们希望通过《刑辩百人谈》更好地普及法律知识,解答大众的困惑,搭建起法律沟通的桥梁。

——夏俊

可能对我们普通人来说,刑事案件离我们很远,所以当我们身边的亲朋好友碰到刑事案件的时候难免会有些困惑。应当如何应对?会发生什么?结果又会怎样?《刑辩百人谈》栏目,就是由我们这样一群专业的刑事辩护律师为大家来解答他们所关心的法律问题。《刑辩百人谈》通过文字,连接你我,守护司法,捍卫公平。

——王馨全

目录

刑事辩护基本问题 ·· 1

01	刑事案件不认罪认罚会有什么后果	曹树昌	3
02	被刑事拘留后什么时候请律师最好	曹树昌	4
03	刑事案件中律师的作用	王在魁	5
04	被看守所拘留后一般多少天可以取保候审	王馨仝	8
05	被监察委留置之后判刑的概率大吗	孟 粉	10
06	依法应当留置的被调查人如果在逃怎么办	孟 粉	12
07	当事人认罪认罚后是否可以反悔	牛星丽	13
08	当事人认罪认罚后律师是否可以作无罪辩护	牛星丽	16
09	被留置的商人一般能回来吗	张雁峰	17
10	监察委调查期间律师能不能介入	张雁峰	18
11	上诉启动与抗诉启动	门金玲	19

无罪辩护的传承与创新 —————————————— 23

12	无罪辩护律师的自我修养	田文昌 _ 25
13	无罪辩护的要点及案例分析	曹树昌 _ 29
14	认罪认罚中无罪辩护的要点	朱勇辉 _ 33
15	无罪辩护需要专业、细致、智慧和勇气	夏　俊 _ 38
16	无罪辩护需要做到有理、有据、有节	刘立杰 _ 40

大数据刑事侦查及辩护 —————————————— 41

17	大数据侦查方法分析	黄　凯 _ 43
18	大数据侦查给传统侦查理念和侦查模式带来的变化	黄　凯 _ 46
19	帮信罪的认定及防范	康　乐 _ 48
20	大数据刑事侦查的重大突破	康　乐 _ 50
21	刑事案件中涉及的网络信息分类	张春喜 _ 51
22	企业配合办案机关调取数据的合规性	张春喜 _ 53

23	如何利用公安机关附卷的电子数据进行有效辩护	刘记辉	54
24	大数据侦查对办案实务的影响	刘记辉	55
25	律师如何运用大数据开展刑事辩护	刘立杰	56
26	大数据与律师执业风险防范	刘立杰	58

职务犯罪辩护中的新问题及应对 ———— 61

27	职务犯罪辩护的五大特点	张雁峰	63
28	金融领域职务犯罪辩护要点	夏 俊	65
29	原始股受贿罪的辩护问题分析	孟 粉	67

合同诈骗罪辩护要点 ———— 69

30	诈骗罪疑难案例研讨	门金玲等	71
31	合同诈骗罪与诈骗罪的区分	张德山	73
32	合同诈骗罪辩护方向分析	王志强	76
33	合同诈骗罪辩护要点及案例分析	刘立杰	79

传销案件辩护要点 ———————————————————— 83

34	涉虚拟货币传销案件的辩护要点	夏 俊 _ 85
35	网络传销案件辩护的特点及要点	刘品新 _ 88
36	证据的"综合认定"	曹树昌 _ 90
37	电子数据在新型传销案件辩护中的重要作用	刘立杰 _ 91
38	传销犯罪辩护要点与商业模式	印 波 _ 93

建设工程刑事案件辩护 ———————————————————— 97

39	建设工程领域刑民交叉案件	侯志纯 _ 99
40	用民事的思维看建设工程领域的法律问题	王惠玲 _ 101
41	建设工程领域刑事案件罪与非罪的区分	王春军 _ 104
42	建设工程领域业务过失犯罪的界定	孙景仙 _ 106
43	建设工程领域涉及的刑事犯罪罪名	孙景仙 _ 107
44	建设工程领域的典型案例分享	刘立杰 _ 109
45	建设工程领域案件刑民交叉问题	王在魁 _ 114

生产销售有毒、有害食品罪辩护要点 ············· 117

46 从燃油罐车装食用油事件看生产、销售
有毒、有害食品罪的辩护要点　　王馨仝　王志强 _ 119

证券领域刑事、民事、行政责任的衔接与应对 ············· 123

47 证券领域严抓强管不是目标而是手段　　王馨仝 _ 125
48 伪市值管理的三种方式　　李　静 _ 127
49 证券类案件的尊让性、专业性与综合性　　刘立杰 _ 129

游戏公司刑事风险防范 ············· 131

50 游戏产业可能涉及哪些罪名　　王馨仝 _ 133
51 游戏私服的行为风险分析　　万　力 _ 134
52 游戏玩法是商业秘密吗　　梁禹霖 _ 135
53 游戏外挂适用罪名的演变　　徐　伟 _ 136

| 54 | 游戏公司内部调查获得的证据是否可靠 | 钱 浩 万 力 _ 137 |
| 55 | 游戏公司合规及维护自身权益的三点启示 | 王馨仝 _ 139 |

商业秘密案件刑民交叉问题 141

56	商业秘密的内涵及特点	洪 燕 _ 143
57	商业秘密侵权案件的处理方式及刑民交叉问题	洪 燕 _ 146
58	商业秘密与专利的联系以及相关案件的周期、赔偿金额等问题分析	金凤华 _ 148
59	知识产权鉴定的发展及基本流程	刘光裕 _ 151
60	商业秘密热点案例分析	汪妍瑜 _ 154
61	企业在面临商业秘密案件时存在的问题	崔慧莲 _ 157
62	商业秘密案件损失评估问题分析	钱 浩 _ 160
63	刑、民案件中商业秘密的认定标准以及三要件分析	刘立杰 _ 164
64	侵犯商业秘密罪和商业秘密侵权的区分	刘立杰 _ 168
65	单独提起民事诉讼与刑事附带民事诉讼所获赔偿分析	刘立杰 _ 170

香港与内地刑辩实务合作与交流 ··········173

66 香港与内地在司法实务、行政执法等领域的
合作　　　　　　　　　　　　王馨仝_175
67 香港刑事程序的启动　　　　　王　宇_177
68 香港与内地合作的优势及刑辩技术的发展　张旭涛_180
69 对《香港国安法》涉国家安全犯罪案件特殊
规定的解读　　　　　　　　　张冬硕_182

《刑事诉讼法》修改设立涉外专章问题研讨 ··········185

70 以个案推动立法,实现理论与实务相结合　田文昌_187
71 《刑事诉讼法》是否应就涉外问题明文规定　田文昌_188
72 《刑事诉讼法》涉外程序修改的时代背景　樊崇义_189
73 涉外程序的现代化、基本原则和特有程序　樊崇义_190
74 国家对涉外法治的重视及《刑事诉讼法》
设立涉外专章的现实必要性　　　王馨仝_192

75	《刑事诉讼法》涉外专章中"涉外"概念的界定及正当性、合理性分析	门金玲	195
76	《刑事诉讼法》修改设立涉外专章的相关问题分析	王在魁	197
77	《刑事诉讼法》修改设立涉外专章的必要性分析	张晓鸣	200
78	跨国经济犯罪多发背景下《刑事诉讼法》涉外专章中的辩护律师涉外取证权等问题分析	张旭涛	202

《刑辩百人谈》嘉宾简介 _ 205

刑事辩护基本问题

01 刑事案件不认罪认罚会有什么后果

曹树昌

这个问题可以从两个方面来回答。第一个方面，这个制度的全称是"认罪认罚从宽制度"，设立的目的是推动刑事案件繁简分流、节约司法资源、化解社会矛盾、推动国家治理体系和治理能力现代化等。第二个方面，认罪认罚应当或者说必须以犯罪为前提，没有犯罪或者其行为依法评判不应当被认定为犯罪，就谈不上认罪认罚。这种情况下不认罪认罚不应当产生任何不利后果，相反，如果认罪认罚了或许会产生不利后果。司法实践中有个别现象，由于办案人员的认识问题，将本不是犯罪的行为认为是犯罪，而要求犯罪嫌疑人或被告人认罪认罚。这种情况对被告人是不利的，因此在认罪认罚前，对其涉嫌的问题应当进行正确的专业评价，这是非常重要的一个问题。

02 被刑事拘留后什么时候请律师最好

曹树昌

用一句话回答这个问题就是,如果案件确实需要请律师的话,越早越好。律师可以尽早介入,为嫌疑人提供更多的法律帮助。

讲一个我的亲身经历,有一个非法吸收公众存款的案件,小刘是公司的财务人员,很多涉案款项都是通过她收取的。当公司的很多相关人员被公安机关找去调查后,小刘有些心慌,找到我进行法律咨询,我向其讲解了非法吸收公众存款罪的犯罪构成等。而后小刘每次被公安机关叫去询问前都会向我咨询,我也详细、耐心地告诉她应当注意的问题。最后,小刘没有涉入此案,相信我的咨询对其是有帮助的。

如果案件根本不需要请律师,比如确实能够证明自己不在犯罪现场,或者是能够证明自己与案件的其他人员根本不认识或者根本没有来往,那么就无须请律师。

03 刑事案件中律师的作用

王在魁

(一)律师是法官的助手

这个我可以实实在在地跟大家讲,律师的作用是非常大的。按我们搞法律这行的讲,"律师是法官的助手"。为什么这样说呢?因为法官是居中裁判的,他先听公诉方讲,指控你犯什么罪、有什么证据;但是我们律师是从当事人的角度分析罪轻、罪重、不构成犯罪的理由。这样的话,我们的意见,当然也代表当事人的利益了,把当事人的意见转达给法官。古人有一句话叫"兼听则明,偏信则暗"。那么律师就起到了一个告诉法官不能仅听公诉人的,还要听我们被告人的意见的作用,双方这么一对比,法官就判断出来了,谁说得比较靠谱,谁说得有道理,应该构成什么罪,应该从轻还是从重,还是正常的量刑。所以说,律师就会把你想说说不出来的,或者没有机会说的,或者是你表达不到位的给你讲出来,把你的委屈,把你心里明白又没有表达清楚的东西给你表达出来,传达到法官那里;法官听了以后,最后作出一个客观公正的判决。

(二) 律师让你心里有数

我先举个例子,我们每个人都过过桥,有公路桥、有铁路桥、有河上的桥。河上是不是有栏杆,我们大多数人过桥的时候,用手扶栏杆了吗?没有。但是如果没有栏杆,恐怕大部分人是不太敢过桥的,起码不敢在桥的边上走。那么,这个栏杆起了什么作用?起了一个保险的作用,起了一个心理安慰的作用。万一有问题,你可以扶一下。我们律师的作用也是这样的,当你碰到法律问题的时候,有个律师在场,你可以随时去问一下,听听他什么意见,你心里就有底了。就像医生一样,美国民间流行一句话,说人一生应该有两个朋友:一个是医生,另一个是律师。医生保证你的身体健康,律师保证你的财产、生命、自由的安全。所以从一般意义上来讲,刑事案件中律师的作用,应该是很大的。

我们好多当事人经商是一把好手,技术方面也是一把好手,甚至当领导都是一把好手,但是法律是有它的特殊规律的。有一句话叫隔行如隔山,你是一个商业奇才,当然你要好好研究,你可能也是一个法律的全才,但是当你没研究的时候,在法律方面你就是比较苍白的。你可能懂得人间的一些基本道理,商业的一些基本规律,但是如果按照刑法这个角度去看,构不构成犯罪、证据扎不扎实、应该定什么罪、判多少年,你可能心里真就没数,你只能有个大概的感觉。如果你被采取了刑事措施,简单点说就是老百姓说的"把你抓起来了",那这个时候怎么办?律师通过会见,可以把你平时不关注的问题,帮你关照到;把你平时根本没有思考过的问题,让你思考一遍;你思考不明白的,律师给你解答一下,你心里自然而然就有数了。

(三)律师帮你完成很多工作

人在孤独的时候,在一个人的时候,需要什么?需要交流。一个人再聪明,如果没有人交流,他的思维慢慢就会枯竭。你看看古希腊出了那么多的哲学家,我们熟悉的是苏格拉底、柏拉图还有亚里士多德,难道古希腊就这么几个哲学家吗?其实远远不是,它是有一个哲学家的群体。像我们搞法律的,难道就一个律师吗?不是这样的,一个律所很多律师经常在一起学习、交流、探讨,甚至互相批评;就是在这种交流当中,人会不断地进步,法律水平也会不断地提高。首先,对当事人来说,把你关在看守所里,平时你也见不到几个人,你这个时候心里都是很慌的,律师陪你聊聊天,解答下心里的疑惑,起码可获得些安慰。其次,被羁押后人就不自由了,那好多事情你自己是做不了的;那么,律师这个时候就能帮助你办很多事,代你起草法律文书,帮你查资料,代为转达一些合理合法的事项。总之律师会帮助你渡过这一段人生比较黯淡的时期,他的作用,这个时候体现得也是非常明显的。确实绝大部分人没有受过刑事处罚,也没有被限制过人身自由。但是一旦有一天,进到看守所了,他的想法就不一样了,他就深刻体会到,有个专业的律师多么重要。

04 被看守所拘留后一般多少天可以取保候审

王馨仝

对这个问题呢,"黄金37天"是一定要把握住的机会。之后如果被批捕,也不是说就不能取保候审了,因为我们还有羁押必要性审查程序,所以在法院阶段,对某一些案件来说也有可能取保候审的。我们先明确一下,人虽然被羁押在看守所了,但是决定取保候审的并不是看守所,而是办案机关,具体是指公安机关、检察院以及法院。刚才提到的"黄金37天",实际上是刑事拘留的最长期限。这里面既包含了30天的刑事拘留程序中公安机关的侦查期限,这是一点点延长的,3天、7天然后到30天;也包含了7天检察院进行审查批捕的期限。"黄金37天"也是绝大多数刑事案件申请取保候审必须争取到的机会。根据公安部和最高人民检察院发布的《人民检察院、公安机关羁押必要性审查、评估工作规定》,对已经批捕的案件,如果出现新的情况,也可以申请取保候审。新的情况是什么呢?一方面,当事人患有重大疾病,不能再继续羁押了,人不能继续在看守所待着了,就必须得给他取保候审变更强制措施。另一方面,案件情况有重大变化,经过进一步的侦查发现,抓错人了,那你也不能再继续羁押他。还有一些其他的情况,比如,当事人怀孕了,或者是还在哺乳期的妇女,按照规定也是不能继续羁押的。当事人子女是未成年人,并且当事人是他的唯一抚养人时,从人道主义的角度来考虑,也可能给他取保候审。另外,如果当事人的父母有重大疾病,不能自理了,而当事人又是独生子女,现在在羁押状态,也有可能因为这个理由去给他申请取保候审。所以说并不是除了"黄金 37 天"之后就没有机会了,得根据案件具体情况确定。案子到法院之后,如果说取保的话,首先这是小概率事件啊,一旦能够取保,也一定是和案件的最终结果相关联的。比如说,这个案子可能会判决缓刑,那么这个当事人可以给他取保。或者说,最终判决的刑期和他的羁押期差不多了,俗话来讲就是"实报实销",那么这也是有取保的可能性的。

05 被监察委留置之后判刑的概率大吗

孟 粉

我们先看一下什么情况下会被留置。《监察法》规定,对涉嫌贪污、贿赂、失职、渎职等严重职务违法和职务犯罪的人员,如果监察机关已经掌握其部分违法犯罪事实及证据,仍有重要问题需要进一步调查的,监察机关可以对其留置。这说明留置人员中可能包括了相当一部分只涉嫌违法而不构成犯罪的人员。这部分人员在监察机关调查确定涉嫌违法事实后一般只给予行政、党纪处分或者任职调整,而不需要移送司法机关进行刑事处理。因此,被留置后有相当一部分人员可能会被解除留置,当然是不需要判刑的。

监察机关的监督执纪有四种形态,其中严重违纪涉嫌违法需要移送司法机关处理的为第四种形态。根据中央纪委国家监委通报的2023年1~9月全国纪检监察机关监督检查、审查调查情况,运用第四种形态处理即移送司法机关刑事处理的只有4.6万人,仅占3.9%。这可以理解为前期被调查甚至被留置的人员总数中,最终移送司法机关被判刑的占3.9%。但是留置人员中具体有多少被判刑的，因留置人员的数字没有公开，因此这个概率目前无法确切地统计。具体情况具体分析，在我们办理的案件中，有部分严重职务犯罪人员的亲属，在一开始调查的时候是被留置的，在调查结束后就解除了留置，并未移送司法机关，印证了被采取留置的人员在调查结束后并不必然会被移送司法机关判刑。

06 依法应当留置的被调查人如果在逃怎么办

孟 粉

我国《监察法》第29条、第30条规定,依法应当留置的被调查人如果在逃,监察机关可以决定在其行政区域内通缉,由公安机关发布通缉令,追捕归案。如果通缉范围超出其行政区域,应当报请有权决定的上级监察机关决定。同时,监察机关为防止被调查人及相关人员逃匿境外,经省级以上监察机关批准,可以对被调查人及相关人员采取限制出境措施,由公安机关依法执行。

如果被调查人知道自己已经被下发了留置通知书,应该分析一下自己是因为什么被监察机关决定留置的,对自己行为性质判断不清的时候可以咨询专业律师。如果被决定留置了仍继续选择在逃,有可能被全网通缉,会处于非常被动的情形,而且在逃也没有机会向监察委申辩,解决不了任何问题,建议还是在客观分析了自己的行为性质后正确地面对监察机关的调查。

07 当事人认罪认罚后是否可以反悔

牛星丽

2019年10月24日,最高人民法院、最高人民检察院、公安部、国家安全部、司法部联合发布了《关于适用认罪认罚从宽制度的指导意见》(以下简称《指导意见》)。《指导意见》是根据2018年修正的《刑事诉讼法》制定的,旨在规范和引导认罪认罚从宽制度的实施。《指导意见》明确规定了认罪认罚从宽制度的基本原则、适用范围和条件、从宽幅度、审前程序、量刑建议、审判程序、律师参与、当事人权益保障等多个方面的内容,通过为自愿认罪并接受处罚的犯罪嫌疑人或被告人提供程序上的简化便利和实质上的宽大处理,从而提高司法效率,保障人权,化解社会矛盾,减少社会对抗,促进社会和谐。《指导意见》规定了认罪认罚从宽制度的实施需要遵循以下原则:自愿性原则、知悉权原则、辩护权原则、合法性原则、适度性原则。依据我国《刑事诉讼法》的相关规定,犯罪嫌疑人或被告人在侦查、审查起诉及审判阶段均可自愿认罪认罚。《指导意见》第29条明确规定:"证据开示。人民检察院可以针对案件具体情况,探索证据开示制度,保障犯罪嫌疑人的知情权和认罪认罚的真实性及自愿性。"可见,该制度的核心原则是犯罪嫌疑人或被告人认罪认罚的自愿性。

但是,该制度在实际运用和操作中就自愿性原则的贯彻实施出现了一定的问题。例如,部分地区存在滥用认罪认罚从宽制度的现象,把认罪认罚作为是否对犯罪嫌疑人或被告人进行羁押的交换条件,办案机关会对犯罪嫌疑人或被告人讲"只要认罪认罚就给你办理取保候审,只要认罪认罚就可以不起诉,只要认罪认罚就可以判缓刑",这种以是否羁押为条件的认罪认罚必然影响了犯罪嫌疑人或被告人自白的任意性,即使签署了《认罪认罚具结书》也属于犯罪嫌疑人或被告人迫于对自由的渴望而产生的屈从性"自愿"。那么如何保障认罪认罚的真实和自愿呢?此时律师的辩护权就尤为重要了,辩护人通过为犯罪嫌疑人或被告人提供有效的辩护,使其享有知悉权,了解被指控的犯罪事实、罪名、证据类型以及可能的刑罚范围,在此基础上才能真正实现认罪认罚的自愿性。

如果犯罪嫌疑人或被告人在知悉案件情况后,对已经认罪认罚的案件,是否可以反悔?理论上,他们拥有这一权利,但需要注意的是,《刑事诉讼法》第15条规定了对自愿认罪认罚的犯罪嫌疑人或被告人,可以从轻或者减轻处罚;同时该法律条文在适用过程中,会以认罪认罚后能否签署《认罪认罚具结书》作为司法实践中需要考虑的重要因素之一。如果犯罪嫌疑人或被告人一旦认罪认罚且签署《认罪认罚具结书》,这通常会对案件的处理结果产生重要影响,反悔可

07·当事人认罪认罚后是否可以反悔

能会使原本可能享有的从轻或减轻处罚的机会减少或消失,因为反悔可能被视为对原先承诺的不履行。此外,反悔也可能会对案件的进展和司法资源的利用造成一定的影响。鉴于此,建议犯罪嫌疑人或被告人在考虑认罪认罚时必须充分了解其后果,并慎重作出决定。如果已经认罪认罚后又希望反悔,应与辩护律师充分沟通以获取专业的法律意见,并评估可能的法律后果,最终的决定应在全面了解法律规定和潜在后果的基础上作出。

08 当事人认罪认罚后律师是否可以作无罪辩护

牛星丽

《刑事诉讼法》第37条规定:"辩护人的责任是根据事实和法律,提出犯罪嫌疑人、被告人无罪、罪轻或者减轻、免除其刑事责任的材料和意见,维护犯罪嫌疑人、被告人的诉讼权利和其他合法权益。"《律师办理刑事案件规范》第5条规定:"律师担任辩护人,应当依法独立履行辩护职责。……律师在辩护活动中,应当在法律和事实的基础上尊重当事人意见,按照有利于当事人的原则开展工作,不得违背当事人的意愿提出不利于当事人的辩护意见。"理论上律师享有独立的辩护权,可以作无罪辩护;但是在认罪认罚制度下,确实在某种程度上产生了律师独立辩护权与当事人利益的冲突。因此在认罪认罚案件中,辩护律师应当充分尊重当事人的想法和意见,从"有利于当事人"的原则出发,慎重采用无罪辩护策略。

09 被留置的商人一般能回来吗

张雁峰

简单说有两种可能：第一种情况是经过调查，行为人不构成犯罪，或者虽涉嫌犯罪，但是由于种种原因，监察委不予追究，作完证就可以回来。实践中，大部分被留置人员都能平安回来。第二种情况是行为人涉嫌犯罪，一般是行贿罪，在这种情况下也有两种可能：一是继续被留置，将来移送审查起诉；二是解除留置，作完证就可以回家，但并不代表"万事大吉"，因为有的就不移送审查起诉了，有的可能还会被移送审查起诉。

实践中，过去存在"重受贿，轻行贿"的观念，就是重点打击受贿，对行贿往往从轻，2024年3月1日起施行的《刑法修正案（十二）》加大了对行贿犯罪的惩治力度。但是即使如此，对行贿和受贿的惩治力度还是有区别的。《刑法修正案（十二）》是这样规定的："行贿人在被追诉前主动交代行贿行为的，可以从轻或者减轻处罚。其中，犯罪较轻的，对调查突破、侦破重大案件起关键作用的，或者有重大立功表现的，可以减轻或者免除处罚。"

所以，总体来看被留置的商人有可能平安回来，但应谨慎应对。

10 监察委调查期间律师能不能介入

张雁峰

能介入,但不是以辩护律师的身份介入。按照《监察法》的规定,被留置的人员不是《刑事诉讼法》里的犯罪嫌疑人、被告人,而是被调查人,《监察法》没有赋予被调查人委托律师为其进行辩护的权利,但是这不代表其不可以聘请律师。如果没有被留置,是可以请律师提供法律咨询和帮助的。

如果被留置了,自己就不能聘请律师了,但是家属可以聘请律师:一是律师可以先为家属提供法律咨询和帮助;二是提前聘请的律师可在留置结束后第一时间介入,以便及时联系检察机关,尽早会见和阅卷。按照规定,留置时间是3个月,可以延长3个月,最长时间是6个月;但6个月之内哪天结束家属是不知道的,等留置结束了再请律师可能时间有些仓促。

11 上诉启动与抗诉启动

门金玲

(一)检察机关不能因被告人上诉而抗诉

近年来,检察院单纯因被告人上诉而抗诉,已经成为司法顽疾,不但在司法实践中成为有些检察官想当然的理念和认知,甚至被当作应然逻辑来宣传,是时候需要辨明是非了,不然上诉不加刑的宪法原则、司法的公信力以及裁判的定分止争,就会沦为一纸具文。当然啦,尽管在抗诉书上不会显示检察机关抗诉是因为被告人上诉,但是案件的办理是一个过程,是一个检察机关与被告人及其家属不断对话的过程,特别是在某些尚处于熟人社会阶段的三线城市,检察官抗诉是不是因为被告人上诉引起的很容易传到当事人耳朵里,更何况有的办案人员当面明着对被告人及其家属说:"只要你们上诉我们就抗诉。"

我国《刑事诉讼法》规定了检察机关不服一审判决、裁定可以抗诉,被告人不服一审判决、裁定可以上诉,看起来这是两个相对等的权利,实则不然。因为检察机关代表着国家公权力,代表着理性。被告人代表着公民私权,在两审终审制之下,享有两次司法裁判的宪法权利；因此，在上诉启动上，立法并不去评判是否理性，这体现在我国《刑事诉讼法》的具体规定上。《刑事诉讼法》第228条规定："地方各级人民检察院认为本级人民法院第一审的判决、裁定确有错误的时候，应当向上一级人民法院提出抗诉。"这里，我们看立法上对检察机关抗诉的理由要求的是"第一审的判决、裁定确有错误"，并且，为了这个"确有错误"判断是准确的，防止原审指控机关感情用事，该法第232条第1款进而规定："地方各级人民检察院对同级人民法院第一审判决、裁定的抗诉，应当通过原审人民法院提出抗诉书，并且将抗诉书抄送上一级人民检察院。原审人民法院应当将抗诉书连同案卷、证据移送上一级人民法院，并且将抗诉书副本送交当事人。"在第2款同时规定："上级人民检察院如果认为抗诉不当，可以向同级人民法院撤回抗诉，并且通知下级人民检察院。"也就是说，原审检察机关将抗诉书抄送上一级人民检察院是其义务，并且上一级人民检察院还要审查你这个"确有错误"的理由是否得当，如果没有法定的确有理由，那他还可以直接撤回下级人民检察院的抗诉，为的就是防止下级人民检察院情绪化地抗诉。所以立法的规定充分说明了检察机关的抗诉必须是理性的，有着切实的原审判决确有错误的实质理由，这个理由当然不能包括被告人上诉这个原因。

(二) 是否"理性"不是被告人启动上诉的制约因素

那我们再来说说被告人上诉这个权利。《刑事诉讼法》第227条规定被告人上诉的理由可以是什么，叫作"不服地方各级人民法院第一审的判决、裁定,有权用书状或者口头向上一级人民法院上诉"。这里被告人上诉的理由不同于检察机关抗诉的理由。我们看到立法上要求的仅仅就是"不服"即可,并且可以用"口头"方式。仅仅表达一下要启动二审,享受两次司法审理的权利,即可启动二审程序。因此,被告人上诉可以不关注其理性或非理性,相反,检察机关的抗诉有必要甄别其是否理性。如果检察机关的抗诉是非理性的,那么其带来的后果是什么?这种单纯的基于被告人上诉而引起检察机关抗诉的,会让二审法院的上诉不加刑原则沦为一纸空谈。在只有被告人上诉的情形下,二审的审理情形无论是怎样的,最终裁判都要遵循上诉不加刑原则,这一条款就是为了保证实现老百姓毫无恐惧地行使上诉权,因此就必须对检察机关的抗诉理由严格把关。对"一审判决、裁定确有错误"的判断,需要采用严格的证明标准,杜绝单纯因被告人上诉而抗诉的情况。这样既尊重了一审司法裁判的公信力,又保障了老百姓上诉不加刑的权利。

因此,检察机关的抗诉并不能等同于老百姓的上诉。检察机关代表国家公诉权,必须是理性的,抗诉的提起必须符合法定理由,那就是"一审判决、裁定确有错误",不能因为当事人上诉就提起抗诉。而当事人代表个人,可以是感性的,《宪法》规定的两审终审制使老百姓依法享有两次司法审理的权利,上诉的提起也仅仅因为法律规定的理由"不服"即可。

无罪辩护的传承与创新

12 无罪辩护律师的自我修养

田文昌

(一) 不夸耀成功案例,以失败为教训

"不夸耀成功案例,以失败为教训"是我经常要说的一个问题,一个启示。我前些年看了一个美国电影,演的是一个海上救生员的故事。政绩非常卓越的老救生员刚刚退休,他的徒弟接手了一个重大的海难案,他为了帮他徒弟,在退休以后又参与了这个抢救,结果他牺牲了。牺牲之前师徒俩有个对话,他徒弟问他,说你一生救了这么多人,做了这么多惊天动地的营救,你能不能告诉我你救了多少人?他师傅跟他讲,我从来没有想过救了多少人,我只记得我没有救成功的有多少人。这句话我特别感动。当我们律师知道办理案件这种艰辛的时候,特别是有些案件无能为力的时候,我觉得我们更应当思考的,更应该记得住的是我没有辩护成功的案例有多少,这样才能激励我们去更投入地把案件办好。所以我说死刑案件的办理,首先要投入,但是我们不能仅仅因成功而兴奋,而要以没有成功的案例为教训,激励我们办得更好。以我个人为例,我办的案子当中,无罪辩护

成功率很低。我希望随着司法环境的改善，律师水平的提高，整体司法水平的提高，我们的无罪案件越来越多，这是我们大家共同的愿望，也是我的期望。

(二)"无罪推定"原则有待确立

我们到现在，"无罪推定"的原则都没有完全确立起来。不知道大家有没有注意到，我们都喊着"无罪推定"原则，有些官方文件上也提了"无罪推定"原则，但是我们的《刑事诉讼法》到今天，并没有明确规定"无罪推定"原则，这是很严肃的问题，也是很严重的问题。直到 20 世纪 80 年代"无罪推定"原则在我们国家还成为被批判的资产阶级反动理论，那么后来逐步地通过研究、探讨、论证，现在"无罪推定"原则在理论上得到了认可，官方也没有否定，但是在《刑事诉讼法》中并没有写入，这是非常重大的问题。为什么没写呢？我们立法机关当时有一个说法，说我们以实事求是来确定这个原则，比他们那个"无罪推定"更高明，实事求是多好啊，谁敢说实事求是不对？大家想想，实事求是绝对正确，放之四海而皆准是没错；但实事求是是个结果，它不是个过程。实事求是怎么达到求是？刑事诉讼就是求是的过程。我在求是过程当中，没有具体的可操作的方法论的原则，怎么达到这个结果？我常举那个例子，你说实事求是，结果不要"无罪推定"，也不要"有罪推定"，那开庭审判时候，被告人坐在法庭上，原来是戴着手铐穿着囚服，那表明什么？是"有罪推定"，他是作为准罪犯被对待。现在改了，不戴手铐不穿囚服了，什么意思啊？应当是

"无罪推定"啊，他是作为一个正常人，享有正常人的权利。那么我们就问，我既不要"有罪推定"，也不要"无罪推定"，我只要实事求是，那我就问问被告人出庭穿什么？大家想想这问题怎么解决？这是个逻辑冲突，而且"无罪推定"原则在有些国家是规定在宪法里的，是一项宪法原则。我们国家连《刑事诉讼法》中都没有写上。那么与此相关的一系列问题都出现了，由于不能明确承认"无罪推定"，那么"疑罪从无"原则也无法得到确认。我们还讲，我们既不冤枉一个好人，也不放过一个坏人，我们要搞不枉不纵。没错，不枉不纵，肯定是刑事诉讼过程追求的最高境界；但是现实是复杂的，如果达不到两全的时候，面临复杂的证据情况或者是从无或者从有怎么办？所以，实际上倾向了宁可错判也不错放。

(三) 注重办案中的交流策略

庭上一分钟，庭下十分功啊，这大家都知道，那首先就是你对案件的准备，这是最重要的。其次是各种沟通、交流，也很重要，但是这种交流呢就很复杂，侦、控、审三方面都需要交流；但有的交流是顺畅的，有的交流是不顺畅的，有的交流甚至是抵触的。但交流有策略。1996年《刑事诉讼法》修正之后，2012年《刑事诉讼法》修正之前，曾经有一度争论证据交换的问题。当时检察院方面，特别是最高人民检察院强调要主动跟律师研究证据交换。他提出证据交换的这种动机就不对，因为在刑事案件当中不存在证据交换的问题，很多人不懂。民事案件是证据交换；刑事案件是证据开示，谁开示啊，控方开示,辩方没有开示的义务。国际上通例都是控方无条件向辩方开示,辩方没有开示的义务,除非个别情况下不在现场的证据和责任年龄的证据可以开示,其他的都不开示。而且辩方没有突袭证据,只有控方有突袭证据,现在我们动不动说辩方搞突袭证据是没有道理的。所以在这个情况下,你的交流一定要有策略。后来这个证据开示的问题,在我极力反对下,2012年《刑事诉讼法》修正变成了检察机关审查起诉阶段的律师阅卷,这是进了一大步,实际上就是控方单方证据开示,律师阅卷权提前了。

(四)办案中的心境修炼

律师办案子,我有一个非常深刻的体会,那就是投入的问题、心境的问题,做律师心理素质一定要好。我没有解决的案子,到现在我都过不了这个坎,我觉得这个心境难以平复。那么这就说到一个问题,律师做案子要有个好的心理素质,但是能不能无动于衷,这又是另外一个层面的问题。我发现有些律师无动于衷,完全是例行公事拿钱办事,我尽了我的力,尽了我的责了,管你结果怎么样呢,这样的律师没有动情,可以把自己的心境保持得很好,可以不受案件的影响,不伤心不落泪,不会吃不好饭睡不着觉。但是这种完全超脱没有投入的律师,我认为他没有尽到一个律师真正的责任。律师做一个案子,当做到了忘记了功利,忘记了艰辛,忘记了风险,忘记了利益,忘记了一切因素,只想把这个案子做好,就想做一个精品,一定要把它打造好,再做到极致,只有这样,才是真正做好了一个案子。

13 无罪辩护的要点及案例分析

曹树昌

(一)认识到公检法在案件办理中的重要作用

我认为检察官在案件办理中的作用非常大,特别是在一些证据判断的问题上。例如,销售假冒伪劣产品案中,就鉴定假冒伪劣产品的问题,我说鉴定主体不合法,在诉讼资产网站上既查不到这个单位,也查不到具体的鉴定人员。检材提取的问题也非常大,我生产的产品不予鉴定,而将生产产品的原料拿去鉴定。那么这个案件最终结果是否公正,我认为公检法都很重要。对抗式的审判,严格说起来,法官可以不看卷,他就听,在法庭上听控辩双方举出的证据,然后居中裁判,所以说我认为法官很重要。律师把案卷看得很细,同样的一个案件,不同的律师可能会提出不同的意见,在法官或者检察官心中会留下不同的印象,得出一个不同的感受,所以说我认为检察官非常重要。

(二)无罪辩护的条件

一个案件能不能作无罪辩护,或者可不可以作无罪辩护,我认为重点要看这个案件,它到底是有罪还是无罪,这是一个基本前提。如果是一个非常明确的有罪案件,就不能硬要作无罪辩护。一个成功的无罪辩护,对刑辩律师来说无疑是非常愉悦的一件事;但是无罪的案件确实很少,无罪率可能是更低。无罪辩护的第一个条件是这个案件本身就是一个无罪案件,或者这个案件虽然不确定它有罪无罪,但是证据非常不足,这种情况下可以作无罪辩护。第二个条件,就是说我们的法庭,我们的公诉人,我们的整个法律思维,应该回到无罪推定上。

(三)成功案例的分享

这个案子的被告人,是一个法院的院长,他被指控受贿好多笔,我单独拿出了指控他受贿大概 100 万元的一项,行贿方说得很明确,他本人也说得很明确,由于他为了那个人的一个亲属判缓刑提供了帮助,所以对方给了他 100 万元。但是介入这个案子之后,我发现,被告人跟那个所谓的行贿人是关系非常好的多年的朋友,被告人见我面第一句话就是:"曹律师啊,我那些笔录全都是假的,写好了让我签字,不签字不行啊。"鉴于这种情况,我就去查卷宗。调取当年处理被指控受贿这个案件的卷宗材料后,我发现里面有审委会的记录,被告人当时是这个法院的院长,审委会记录跟他的笔录完全不一致。他在笔录中是这么说的:"我作为院长,本来我应该后发言,我提前发言,我这个先发言,影响了其他人的一些思维、一些思考,所以说最后把这个人判了缓刑。"但是我看这个审委会记录,也就是当年的原始书证,却证明当年参加审委会的是 12 个人,而这个院长当时是第十个发言,跟他(笔录)说的不一样,他不是最先发的言,他是比较靠后发的言,而且我注意到他在发言过程当中并没有提这个人应该如何量刑,他只是说市里面的领导对这个案子比较关注,希望大家能够认真讨论,做出一个客观的实事求是的判决。关于他在审委会上的发言就是这么原话记录的,而当时第一个发言的当然是合议庭,合议庭的组成人员先汇报这个案子,并称合议庭集体研究的结果是要适用缓刑。其实本案开庭时我就把这些情况都说了,我甚至申请那个所谓的行贿人出庭作证,他们确实有 100 万元的交易,被告人确实向其借了 100 万元,而且很多年之前被告人也把钱借给过那个朋友,也是几十万元,就是说他们有这种往来,所以我申请这个人出庭,想要进行法庭询问,重新质证,但是没有被法庭允许。这个人没有出庭,我就根据我能掌握到的情况在法庭做了比较充分的论述,从某种意义上说,我认为这个案件就这一笔受贿,我的辩护是成功的。

(四)以强制猥亵案论"法治"在无罪辩护中的作用

所有人都有一颗法治的心,依法来办事的心。例如,医生强制猥亵病人案,法庭上重点强调的是 DNA 鉴定,也就是客观证据,这个证据应该说具有非常强的说服力。但当时这个医生没戴手套,我提出辩护意见:"由于医生没戴手套,那么他应该在姑娘肚子上留下了 DNA,留下了他的皮屑或者是汗液,而在姑娘反复强调的对她猥亵的部位,如果被告人在没有戴手套的情况下还没有留下 DNA,这种可能性是非常小的,也正是因为他没有戴手套,我认为这个案件证据存疑。"但在法庭上,公诉人说"证据确实、充分,足以认定"。我接着说:"面对如此明确而且不可推翻没有任何疑问的证据,你居然敢说证据确实、充分,可以认定?"其实这些话我是说给法官听的,是说给合议庭听的。所以,案件能作无罪辩护分两种情况:一种情况是案件本身确实无罪;另一种情况是案件本身虽然有罪无罪不好确定,但是确实证据非常有利于无罪。

14 认罪认罚中无罪辩护的要点

朱勇辉

（一）认罪认罚案件不应限制律师无罪辩护的权利

有的司法工作人员不赞同这种观点，认为被告人都已经认罪认罚了，律师还作无罪辩护，这不是干扰办案，降低法庭效率，浪费司法资源吗？我认为不应该有这种认识，因为我们法庭是一个查明事实、准确适用法律的场所，被告人认罪认罚了，就相当于有口供了。但《刑事诉讼法》写的是，有口供但其他证据不充分，是不能定案的。那为什么认罪认罚就凭被告人承认犯罪就一切从简了，律师就不能作无罪辩护了？这在法理上说不通。所以说我们律师如果有确凿的无罪辩护的意见，应当是有权利、有义务在法庭上发表的。所以说就这点来讲，我呼吁司法机关在定规则的时候，不应该限制认罪认罚案件的审理中律师发表无罪辩护意见。此外，从认罪认罚这个法律规定来看，法庭并不是全盘接受，而是有审查义务，首先，量刑上如果明显不当，是要改的。其次，法庭对认罪认罚的案件，仍然有审查犯罪事实是否存在的义务，而这一义务显然不能够由法官法庭单方来承担。

律师发现认罪认罚的案件的犯罪事实存在争议的时候,当然有义务提出来;而法庭查明以后,也应该采纳。所以说认罪认罚的案件,律师确定有无罪辩护理由的,还是应当提出来,法庭的规则也应该允许。

(二)进行无罪辩护应取得认罪认罚当事人的同意

就这个问题,我认为可以从两个方面来分析:第一个是从被告人的角度来分析,第二个是从法庭的需求和他的意愿、权利方面来分析。从被告人角度来讲,辩护权来自被告人,律师应该服从于被告人的意思表示。他都认罪认罚了,认可指控的事实,愿意接受这个约定的处罚,律师似乎不应该违背被告人的意志。但其实辩护权从被告人那里产生以后,后续就有一定的独立性,律师是可以依照事实和法律发表意见的;所以说如果律师要对认罪认罚的案件作无罪辩护,应当取得当事人的认可,律师要征求他的意见。如果当事人判断你作无罪辩护会干扰到他认罪认罚,对他不利,他坚决不愿意,我认为这个时候,就不应该去作无罪辩护。在符合当事人意愿的前提下,还得有第二个条件,即不能对他不利,只能作出他无罪或者罪轻的意见。

(三)传承老一辈京都人精益求精的办案精神

今天这个题目非常吸引人,"无罪辩护"需要"传承与创新",针对这个传承,我觉得有必要说一些我个人的体会和成长的回顾。田老师、曹老师老一辈京都人创立京都律师事务所以后,给我们打造了这个平台,这是一个传、帮、带的过程。2000年我到京都开始做律师,到现在已经算是第25年了。这25年以来,我感受特别深的就是京都的老一辈律师对年轻律师的关心培养和传、帮、带,京都这个平台对我们所有年轻律师的鼎力支持,是我25年来个人最大的感受。我就想到我们办公楼的第23层,当时田老师为什么一定要弄一个刑鼎放在23层的后门那里,这个鼎呢,既是我国第一部成文法公布的形式,也象征着我们京都所大家鼎力相助的这种精神。2000年我到京都以后担任田老师的助理,从日常事务到开始写一些豆腐块的文章,再到后来有幸参与了田老师、张军、姜伟的控、辩、审三人谈全过程的旁听、学习、记录、编辑并整理成书,经过此过程,我的能力得到了很大的提高。京都所有很多的案件专家论证会,我从旁听"大家们"的三人谈到专家论证会的这种学习、旁听、参与,包括整理专家意见,再到后来旁听田老师的开庭,整理田老师开庭后的辩护词,这些过程,一开始我觉得特别难;但是从田老师对我的帮助过程和对我的要求中,我就感受到我们京都人那种精雕细琢的作风,对案件精益求精的精神,不放过一句话、一个词、一个标点符号。从那个时候开始,我也对自己严格要求,更好地完成这些工作。这些精神传承下来,我们所现在的案子我觉得办得都非常好,大家都是特别严谨地对待工作。一开始整理田老师的辩护词,田老师认真修改,整个一篇纸改得特别花,那我要从中去理解、学习揣摩:为什么这么改?这句话为什么要颠过来用?这个词为什么修改?在这些过程中我觉得我很快领会到"大家们"的办案思路,这都是我们京都这么多老律师、大律师给年轻律师提供的学习机会。

(四) 无罪辩护需要法官和律师的共同助力

第一个就是办理无罪辩护一定要有极高的法律功底,你一定得以法服人。第二个就是有极强的服务精神,律师要发自内心地为当事人争取合法权益。第三个就是办理案件时严密的逻辑论证。我刚到京都的时候田老师出版了一本《中国大律师辩护词精选——田文昌专辑》,其中有一个刑事案件的辩护词里有图表,做了逻辑的分支,然后每一种情况都列了出来,每一种情况都逐一做了法律分析论证,每一种结论都是无罪。我们根据现有证据,把他所有可能出现的各种事实全摆出来,逐一论证,都是无罪的话,就可以作无罪辩护,逻辑在这里显示了它强大的力量。

一个案件要获得无罪判决,需要法官来判,法官的作用非常大,这是毫无疑问的。所以在此,我要特别向我们法官界,敢于顶住压力,依法对确实属于无罪的案件作出无罪判决的法官,表达由衷的敬意。那是不是说我们律师在无罪辩护里面就没有作用或者作用很小?我认为那显然也不是。在一些特殊的案件里面,司法机关因为某些原因不能够完全地按照法律的事实还原案件全部;这个时候,律师的作用就很大,他需要站出来,要把事实弄清楚,把法律适用把准了,做好法官助手的同时,还要监督法官,要监督法庭依法判案,在这种情况下,律师的作用更大。所以在此,我要向我们律师界以田老师、曹老师为代表的这些律师致敬,他们能够坚守法律,为当事人争取合法权益。所以我想一个无罪案件,其实既离不开法官的专业和秉公执法,更离不开律师的坚持和良心。我想律师应该当好法官的助手,我们在办案过程中,把案子的问题找出来,把案子的律师辩护理由找充分了,是律师首先要做好的工作;然后律师要说服法官,让法官采纳我们这些正确的意见,在必要的时候,律师还要承担监督法庭公正执法的责任。我认为一个理性的、优秀的法官,他应该是很善于用好律师,律师的观点让法官能够尽量地避免判错,因为兼听则明,所以说一个好的法官一定是重视律师意见的。

15 无罪辩护需要专业、细致、智慧和勇气

夏 俊

律师在秉持无罪辩护基本原则的这个前提下，怎么样根据具体的案件，不断地去创新，不断地去开拓，这也是值得思考的问题。我觉得第一个就是"专业"。律师在接受委托之后，我们肯定要通过各种方法对这个案件的案情进行详细的了解，用我们的法律专业知识对案件进行准确的研判，我想这些都是离不开我们的专业基本功的，这也是无罪辩护能够成功的一个大的前提。第二个就是"细致"。我们常常说细节决定成败，可能很多案件能够取得理想的结果就是因为一份非常关键的证据被撬动。那么作为辩护律师，我们要认真地对待卷宗中的每一份材料，要尽全力去寻找支撑无罪辩护观点的每一份证据；我想这些都离不开我们细致的工作，就是这种细微处见分晓的工作态度，才能使无罪辩护有成功的可能。第三个是"智慧"。我觉得这个其实非常重要。大家都说无罪辩护非常难，那么我们在作无罪辩护的时候，什么时候提出无罪辩护的观点，以什么方式把无罪辩护意见提出来，当我们跟办案机关去沟通的时候，用什么样的方

15・无罪辩护需要专业、细致、智慧和勇气

式能让办案机关的人员接受我们的无罪辩护观点,这都需要律师的智慧,而这个智慧就是建立在充足的办案经验和雄厚的专业知识基础之上的。最后一个是"勇气"。如果律师要进行无罪辩护,需要有勇气,需要有魄力,需要有担当,当我们决定作无罪辩护的时候,可能会碰到各种困难:有的是案内因素,有的是案外因素,有时也会受到来自各方的压力。那么,这个时候我们怎么办,我们要不要坚持?这就需要勇气。无论面对何种困难,面对何种压力,作为一个称职的刑事律师,在进行无罪辩护的时候,就是要不断地坚持,克服困难,不断前行。

16 无罪辩护需要做到有理、有据、有节

刘立杰

我在做法官的时候,其实是非常欢迎律师来沟通的。法官的职责就是兼听则明,如果把兼听的天平扭向一侧了,其实对法官来说也是非常不利的。而且有的时候,法官说将律师的辩护意见汇报到领导那去,也可能帮法官解决了难题,帮着法官把这个案件处理得更公正。律师做任何辩护都得有理、有据、有节,而不是说本身确实有罪的案件,我们上来就胡搅蛮缠,坚持无罪辩护。我觉得,律师这个行业也需要一股清流,也呼吁法官能够给律师一个表达的机会,兼听则明,通过每一个个案,让我们的每一位诉讼参与人,都能感受到公平正义。

大数据刑事侦查及辩护

17 大数据侦查方法分析

黄 凯

我立足于公安侦查的角度跟大家聊一聊大数据侦查方法相关的问题。我从公安局辞职出来做律师，2024 年是第七个年头了，一直期待有机会跟大家分享一些侦查实务和刑辩业务相结合的内容。个人认为作为刑辩律师，掌握一些侦查方面的知识，对拓展辩护思路是有一定帮助的。近十年来受互联网、大数据、人工智能等技术发展的影响，公安机关也在大力开展智慧警务建设，不断强化大数据、人工智能等数字化技术的应用。在一些重特大案件当中，大数据介入侦查极大地提升了公安机关办案的效率和准确度。大数据的应用在一定程度上已经颠覆了传统的侦查思路和侦查模式，在大数据侦查的背景下，侦查人员越来越重视数据线索的提取和利用。比如办案人员到达案发现场后，可能会对现场周边的移动网络信号、摄像头分布等做基础采集工作，对公安机关和其他行业可获取的各种数据信息进行比对排查。相较于传统的人力摸排、蹲守和推理，大数据的应用可以帮助侦查人员迅速缩小侦查范围、锁定犯罪嫌疑人，从而更加及时地将嫌疑人捉拿归案。

　　大数据侦查目前都有哪些技术手段或者说侦查方法呢？了解这个问题，我们首先要理解大数据侦查手段的主要工作对象。如果说传统的侦查技术和侦查手段主要是对显性犯罪证据和线索的挖掘，那么大数据侦查在技术层面更加侧重于对一些隐性的痕迹、线索甚至潜在规律的获取。这些隐性的痕迹、线索是在社会生活中生成的，并非必然与犯罪行为直接相关，因此与侦查活动相关的信息数据往往具有碎片化的特点。大数据侦查的工作方法，就是要对海量的碎片信息进行提取，通过深度加工、整合，继而发现对侦查活动有价值的线索和证据。实践中，大数据侦查的具体技术方法主要包括数据搜索与整合、数据碰撞、数据挖掘、数据画像等。数据搜索就是依托海量的信息数据，从中直接筛选出对侦查活动有价值的案件线索和证据。数据碰撞是对来自不同"数据库"的信息数据进行比对，对其中的重合数据或差异数据等进行分析研判，从而找出犯罪线索的侦查方法。例如，针对一些跨地区连环作案的案件，侦查人员可以对不同现场的手机基站数据进行比对，通过分析其中的重合信息，缩小犯罪嫌疑人的目标范围。数据挖掘是通过多种技术对显性数据规律进行综合分析，从而获取隐性侦查线索的方法。例如，在一起案件中，侦查人员通过对嫌疑人手机的 WiFi 连接场所、手机信令数据等的分析，发现了其与异地另一起案件存在关联的可能性，进而破获新的案件。在传统侦查活动中，公安人员可能依托现场遗留的足迹特点、痕迹，目击证人的描述等信息，通过画像的方法，判断出嫌疑人的外形和身份等特点，从而锁定嫌疑人，数据画像是这种方法在大数据环境下的应用。

18 大数据侦查给传统侦查理念和侦查模式带来的变化

黄 凯

```
                    ┌─ 丰富了传统"侦查"的概念
                    │
                    ├─ 从理念到手段上变
                    │  "被动"为主动
大数据侦查 ──────────┤                          ┌─ 从因果性思维转向相关性思维
                    │                          │
                    │                          ├─ 从回溯性思维转向预测性思维
                    └─ 创新侦查思维 ───────────┤
                       和理念                  ├─ 从被动破案转向主动干预思维
                                              │
                                              └─ 从孤立思维转向合成作战和共享协作思维
```

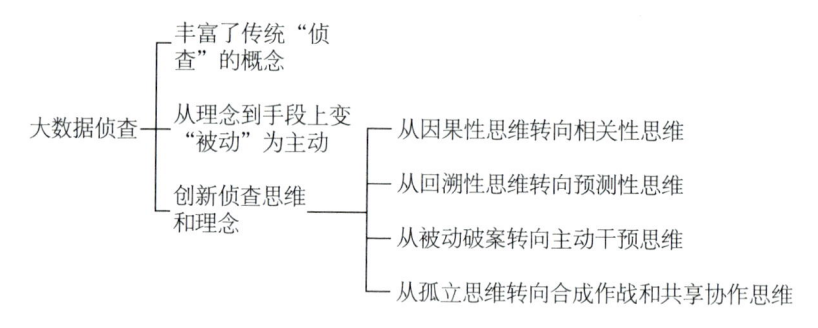

我简单总结一下，大数据侦查给传统侦查理念和侦查模式带来的变化：第一，大数据侦查丰富了传统"侦查"的概念。它是大数据时代高新技术在刑事侦查活动中全方位的应用，既不同于传统的侦查取证，也不能简单地理解为"技术侦查"，与现行法律中对"侦查"行为的界定有所不同。第二，大数据侦查相较于传统侦查，从理念到手段上变"被动"为"主动"：信息获取能力的大大提升，使侦查机关通过个案破获串案、通过个案打击上下游犯罪和团伙犯罪、通过被动侦查到主动预测和预防犯罪成为可能。第三，大数据侦查带来的侦查思维和理念的创新。相较于传统的侦查思维，大数据侦查给侦查机关带来了从因果性思维到相关性思维，从回溯性思维到预测性思维，从被动破案到主动干预的思维，从孤立思维到多手段、全时空、全视域合成作战和共享协作思维的转变。

  关于辩护执业风险防范，我简单说两点。一是对辩护律师而言，律师执业风险的根源在哪儿？一方面是侦查权滥用的问题，这要求我们对大数据侦查有更全面的认识，提升风险预警的能力；另一方面还是要规范我们自己的行为。在传统的侦查模式下，个别辩护律师可能会有一些"违规""踩线"的取证行为；但是随着大数据时代的来临，我觉得辩护人一定不能再有侥幸心理，务必规范自己的言行。二是在大数据时代，辩护律师有更多的获取隐私证据、敏感信息的机会，这种情况下，我们要更加深入地学习和掌握好这些信息的获取和使用规则，防止因个人对敏感信息处理不当，造成国家秘密、商业秘密和当事人隐私信息的泄露，从而给自己带来执业风险。

19 帮信罪的认定及防范

康　乐

我重点讲解一下帮信罪，其全称叫作帮助信息网络犯罪活动罪，可能很多律师都没太接触过这一类犯罪。这类犯罪的一种情形就是他人利用你提供的网络平台服务去实施犯罪，你要承担连带责任。虚拟运营商提供非实名注册的号码，他的很多用户都是黑产从业者，这是未来要重点防范的一个领域。我这里收集了一些这两年国内比较重要的，或者是罚款金额比较多的、处罚比较严重的一些案例。《网络安全法》出台后有大量的因为违反该法受到处罚的案例，例如，中国知网案被处罚了7000万元，就是因为违反了《网络安全法》。此外，因违反《数据安全法》《个人信息保护法》被处罚的也有很多案例。例如，滴滴去美国上市后被处罚，就是因为过度地收集了注册或使用App的用户的个人信息，而且这些信息又加工了一些报告去传播、去发表，最后被判罚大概80亿美元。

大数据技术本身是对海量数据进行采集、存储，并把它变成各种场景化应用的技术。大数据技术本身并不是一种技术，而是很多种技术的整合。它牵扯到数据的采集，但数据的采集又不是大家现在理解的一些简单的信息化系统运行时相关数据的收集，因为大数据里面可以容纳更多的异构数据，除了文本这种数据类型以外，图片信息、语音信息、视频信息，以及其他异构的、非标准的信息，都包含在内，都可以去采集、加工、使用、消费。现在大数据技术发展的重点是这些数据和模型怎么和应用场景结合，具体到公安行业，人口管理有人口管理的要求，刑事侦查有刑事侦查的要求，经济侦查有经济侦查的要求，各警种对大数据的使用都有自己的场景化特殊要求，如果跨不同应用场景，特殊化更为明显了。所以说大数据是一个概念的范畴，可能涉及很多技术的使用。

20 大数据刑事侦查的重大突破

康 乐

最近十年公安也做了大量大数据相关的工作,主要在六个方面取得了较大的突破。

第一个是数据采集与整合。第二个是数据存储和管理。公安机关有自己的大数据中心,不管是公有云还是私有云的形式,总会找到一个合理的计算空间或者合理方案去存储大量的数据,保证这些数据可以随时调取、检索、比对,辅助公安机关开展各项工作。第三个是数据分析与应用。这一部分是公安领域大数据应用的核心。第四个是共享与协作,因为数据不流动,价值就会打折扣,所以数据一定要流动起来才能有更大的价值。第五个是实战场景的设计。随着信息化、网络化的发展,犯罪手段变得多样化,场景也非常复杂,需要根据实战场景进行设计。第六个是隐私保护与数据的安全性。这么多的数据在流转、收集、使用、消费,经手这么多的环节,经手这么多的管理人员或者用户,隐私保护与数据的安全性是非常重要的。

21 刑事案件中涉及的网络信息分类

张春喜

我大概梳理了一下刑事案件中涉及的网络信息数据的分类。大家也都知道,我们生活中经常接触到的网络信息大体上可以分为两大类:一类是对公的;另一类是对私的。所谓的对公,就是商事主体在经营活动中,不管是网络经营活动,还是说线下的实体经营活动,在经营活动过程中所产生的网络数据,如果涉及具体的刑事案件,就可能需要配合公安机关调查取证。企业对公的网络信息数据大体上可以分为三个方面:第一个是广告推广;第二个是金融支付;第三个是平台运营。对私的、个人的网络数据大家就更熟悉了,它的分类标准也可以更细一些,在不同类型的案件当中,它体现出的特点和价值不太一样。第一类是网络浏览数据,主要包括搜索、浏览、阅读、收藏、关注等留存的痕迹数据,这些数据实际上反映的是行为人的兴趣爱好,或者说是他内心的思想动态,对公安机关分析行为人思想意识、犯罪动机、犯罪倾向都有很大的帮助,当然行为人犯罪前甚至犯罪后的一些行为表现,也能反映在他的网络浏览行为当中。第二类是网络社交方面的数据。我们每天都在使用各种各样的网络社交软件,这类数据也可以分为两种:一种是通过主流社交软件所进行的社交活动,如通过微信、钉钉、飞书等进行的社交活动留存的数据,这些数据能够反映出行为人与他人之间的沟通交流情况,在有些案件当中它就是很重要的数据。另一种是开放式的社交数据,如微博的评论、百度贴吧的跟帖、App 里的私信交流等。第三类是公安机关非常重视的数据,就是行踪轨迹数据。这类数据以前更多的是依赖手机、监控等传统的设备采集,但是现在,移动互联网服务过程中实际上掌握了用户大量的行动轨迹信息,如手机的导航、网约车的使用、共享单车的使用、智能网联汽车的驾驶等产生的数据。第四类是网络支付和娱乐消费数据,就是通过网络上形成的支付数据、消费记录等,这类数据实际上更多是与犯罪所得的使用也就是赃款的流向相关。第五类是云存储数据。进入云服务时代之后,存储数据量变得非常大,不仅是企业单位,个人生活中实际上也经常需要借助云存储的形式来存储自己的信息,这些云存储数据实际上也可能跟一些具体案件有很密切的关联。第六类是人工智能设备数据。随着人工智能的发展,人工智能交互设备用得越来越多,智能音箱、智能屏等具有交互功能的设备,放在家里也好,放在公共场所也好,产生的一些数据可能也会跟刑事案件产生关系,因为这些人工智能设备不仅有录音、录像、拍照功能,也会根据人的指令进行其他活动,还可根据指令远程对家庭联网设备进行操作。入室盗窃等在室内发生的案件,就可能涉及室内安置的智能设备相关数据的调取。

22 企业配合办案机关调取数据的合规性

张春喜

办案机关找互联网企业要数据,企业到底能不能给?怎么给?通过什么渠道给才是合法合规的?对企业来说需要摸索出一套稳妥的、没有风险的工作机制。

我觉得可以分为两种情况。第一种情况是在正常的刑事诉讼程序当中,办案机关通过正常的程序调取证据,有正常的文书调令,企业需要配合。第二种情况是没有成立具体的案件,公安机关出于预防犯罪的目的,要求企业提供一些数据。在这种情况下,企业应该怎么来应对?对这个问题还需要继续摸索。

23 如何利用公安机关附卷的电子数据进行有效辩护

刘记辉

我第一次真正接触大数据侦查是在 2015 年左右，当时我还在警察系统内。公安系统内部有一个大数据侦查发展规划，是公安部和阿里合作开发的，对人在互联网上的各种行为进行分析画像。当时我就觉得一旦投入使用，我们每个人其实就成了透明人。2024 年 3 月，我参加了中国人民大学刘品新老师举办的"电子证据和信息化办案高级研修班"。课程内容主要是如何利用公安机关附卷的电子数据进行有效辩护。我总结了一下，主要包含两个方面：一个是对定罪的电子证据进行有效质证，这个是刑事律师的常规操作。另一个是利用一些专业软件从附卷的电子数据中充分挖掘对当事人有利的电子证据；我个人觉得这一方面对刑事辩护来说其实更重要，是在做增量，能跳出指控的证据范围，更能够实现有效辩护。

24 大数据侦查对办案实务的影响

刘记辉

在法证学上,有个著名定律叫罗卡定律,核心意思是凡有接触,必留痕迹。而对侦查的发展来说,本质上就是通过技术的不断发展和充分运用各种手段,尽可能多地获得这些"痕迹"证据。大数据技术就是其中一项非常重要的推动技术。虽然罗卡定律提出时是针对现实世界的(相对于互联网世界来说的),但互联网的留痕特点却与罗卡定律具有天然的适用性。再加上我们的工作和生活越来越互联网化,每个人使用网络的时间也越来越长,这就给大数据侦查提供了越来越多的数据基础。公安机关通过大数据侦查可以收集到更多的客观证据来证实犯罪,这会压缩事实认定的辩护空间。这就要求律师在办案过程中,要有意识地去收集这些电子证据,从而更好地帮助当事人。简单讲一个我自己办过的案例:我在一个已批捕的案子中,就是积极主动去寻找大量的电子数据进行分析,去填充行为与结果之间的时间空白来还原事实,进而切割行为和结果之间的因果关系,最终实现了不起诉。

25 律师如何运用大数据开展刑事辩护

刘立杰

我较早承办的与大数据相关的案件是一个电信诈骗案件。电信诈骗将原来的"一对一""点对点"的诈骗行为，发展成群发短信的"大数据"诈骗。根据被告人的供述，他们每天通过自动群发短信的技术方法发送15万条诈骗信息，这15万条诈骗信息的主要内容是"你的医保卡被冻结了，如有疑问请拨打电话询问"等，这些诈骗信息的发送成本很低，诈骗集团并不在乎接收到信息的是警察还是普通老百姓，仅是从概率上来看，15万人的数据里总有"上钩"的。诈骗集团反馈的数据显示，15万条短信平均每天能收到回复的大概有200个，被欺骗的被害人大概有5~10个，最终成功骗走金额的有两三个人。

下面讲一个大数据侦查角度的案例。在内幕交易等一些比较隐蔽的经济犯罪中，实践中多是根据接触推定主观明知，比方说你和内幕知情人员接触了，然后你在敏感期内又买了相应的股票，那么就可能推定你是主观明知的。那么，怎么判断你存在接触呢？除了短信、微信聊天记录，还可以通过行程轨迹，比如你和内幕知情人员有没有同乘一架飞机、同住一个宾馆，在此类案件卷宗里会有相关的证据。还有在侵犯商业秘密案件中，企业老板辩解他跟自己的技术员工不熟，技术员工非法获取他人商业秘密的事情老板并不知情；侦查机关就调取了老板和员工近五年来的同行记录，发现这两个人几乎形影不离。在很多案件中，侦查卷宗里面会通过大数据信息标明犯罪嫌疑人的第一关系密切人、第二关系密切人。

第三个案例我讲一下大数据电子证据的问题。在传统的非法吸收公众存款、传销等涉众型犯罪案件中，司法机关要认定被害人或者投资人，往往需要找到他们做询问笔录进行核实调查。现在此类案件的被害人动辄十几万人，甚至上百万人，犯罪金额高达百亿千亿元，如果全部线下核实，工作量巨大；这就倒逼审判机关在采证的标准上，基于海量数据允许抽样核实，同时借助电子数据印证来确认被害人身份。

从以上这三个层面能够反推出来，既然在大数据背景下，犯罪形态、侦查手段、指控证据都发生了变化，那刑辩律师也要与时俱进，更新辩护思路。

26 大数据与律师执业风险防范

刘立杰

今天,我们的讨论还涉及执业风险防范的问题,我讲一个亲身经历的案例,从某种意义上讲也是"大数据"救了我。在新冠疫情期间,我的当事人涉嫌恶势力犯罪,二审期间当事人的女儿找到当事人的弟弟录取了一份视频证据,证明当事人不具备作案条件,当事人的女儿把录制的视频发给我,我刻成光盘邮寄给了法院。后来二审法官跟我说,他认为这个证据确实是新证据,所以让检察院去重新取证。侦查人员找到了当事人的弟弟核实证据,在核实笔录中,当事人的弟弟说:"本来我不想说,律师来了非得让我说,我没办法,是律师逼着我让我录的这个视频。"二审法官就给我打电话,非常严厉地跟我说:"刘律师你好歹也是做过法官的人,怎么能干这么蠢的事?"我说我才不会干这么蠢的事,他说那你怎么证明呢?侦查人员调取的证言证明是律师撺掇证人改变了证言。我说:"现在是疫情期间,我有行程码、健康码,还有取证当天在北京做核酸的记录,这些证据都能证明我在此期间就没有进过你们省,我连证人都没有见过,我怎么去取

58

26・大数据与律师执业风险防范

证？你不应该怀疑我。"

我后来想想，如果不是因为在疫情期间，如果没有行程大数据，估计我就会被处理了。从执业风险的角度来说，律师自己要"行得正"，否则，根据罗卡定律，你的行为肯定会留痕，那么被查、被追究只是早晚的事。我希望大家严守律师执业规范，做一名靠专业而不是靠歪门邪道立足的刑辩律师。

职务犯罪辩护中的
新问题及应对

27 职务犯罪辩护的五大特点

张雁峰

第一个特点是认罪的多，签订具结书的少。认罪较多是因为好多职务犯罪人员，他确实可能受贿了。签订具结书的比较少的原因，是职务犯罪往往案情比较复杂。

第二个特点是大部分为罪轻辩护。第一个原因是职务犯罪的嫌疑人他一般都认罪。第二个原因是证据具有特殊性，尤其是行贿受贿犯罪，不需要物证，靠言词证据即可定罪。

第三个特点是辩护战场前移。有一句话是律师的战场是在法庭。这句话现在我觉得可能有点过时了，尤其是认罪认罚这个制度推行以后，辩护的战场前移到了侦查阶段和审查起诉阶段。作为职务犯罪，在监察委的调查阶段，律师不能介入；但是在审查起诉阶段，律师应该及早介入来进行辩护。

第四个特点是非法证据排除很难。排除非法证据一般有两种方式：第一种方式是要求调取同步录音录像；第二种方式是申请调查人员出庭说明情况。这两种方式操作起来都很难。

第五个特点是开庭大多以案卷笔录为中心。目前我们正在推进以审判为中心的刑事诉讼制度改革,而且按照直接言词原则,当庭陈述优于庭前笔录;但目前实践中还是以笔录为准。在这种情况下律师做职务犯罪辩护,如何取得比较好的效果就需要策略了。

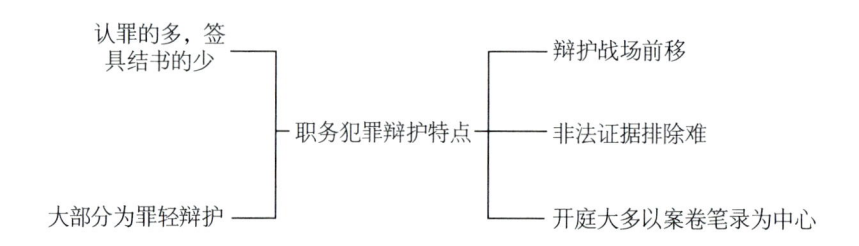

```
        认罪的多,签                        辩护战场前移
        具结书的少

                    职务犯罪辩护特点        非法证据排除难

        大部分为罪轻辩护                    开庭大多以案卷笔录为中心
```

28 金融领域职务犯罪辩护要点

夏 俊

我们首先是要关注主体身份的界定。集体经济组织中行使公权力的人员,他是不是属于国家工作人员,其实主要是依据这个集体经济组织的股权结构来界分;另外他是不是从事公务,也是最核心的一个判断要素。那么在办理此类案件的时候,应当审查当事人是不是具有国家工作人员身份,从而对其行为定性和所涉罪名做出准确的界定。另外就是有没有从事公务,如果他不是从事公务的委派人员,当然也就不属于国家公务人员。我们知道理财性受贿其实有多种表现形式,有的国家工作人员不出资直接获利,有的是少出资多获利,还有的是设定一个保底的条款保证本息固定回报,那这些可能就会有一些争议了。在办理这类案件时我们就要重点关注,当事人到底有没有实际投资,出资跟收益是否合理,有无造成权利义务的失衡。如果权利义务是相当的,那么我们认为它符合理财规律,当然也就不能够认定为受贿。利用职务上的便利,以借为名,向他人索取财物或者非法收受财物为他人谋取利益的,应当认定为受贿。但需要注意的是,有几点判断标准:第一个有没有正当合理的借款事由;第二个款项的去向,双方平时关系如何,有无经济往来。如果是好朋友,双方来往很多年了,而且又没有任何的请托事项,那这个时候你非要说是行贿受贿,我觉得这个就很难成立。如果涉及借贷性受贿,其实重点就关注两点:第一点出借人是否有请托事项。例如,当事人已经离开这公司了,两个人之间都没有业务往来了,这种情况就没有请托事项,那我们认为显然是不构成受贿罪的。第二点收受方是否利用职务便利为出借方谋取利益。其实也是一样的,他都已经不在公司工作了,我们都没有业务往来了,我还为他谋取什么利益?可能我们俩就是朋友关系,是基于朋友关系的一种借款行为。行贿罪和对非国家工作人员行贿罪,它都是目的犯,主观上就是要谋取不正当利益。所以在金融领域,通常是为了违规获取资金或者是金融市场的准入等利益;那如果说行为人给予财物的目的只是搞好业务关系,只是让对方提供一个正当的工作帮助,没有谋取不正当利益,那么我认为这里面还是有辩护空间的。

既要有辩护的全局思维,也要有分层思维。我们在遇到案子的时候,要先定一个辩护策略,同时我们在每一个阶段,再确定具体的辩护方案和策略。金融领域的知识专业性强,而且越来越新型,所以辩护律师要紧密地关注金融专业知识,关注金融动态。

29 原始股受贿罪的辩护问题分析

孟 粉

关于原始股受贿,《全国法院审理经济犯罪案件工作座谈会纪要》第3条第7项"涉及股票受贿案件的认定"规定:"在办理涉及股票的受贿案件时,应当注意:(1)国家工作人员利用职务上的便利,索取或非法收受股票,没有支付股本金,为他人谋取利益,构成受贿罪的,其受贿数额按照收受股票时的实际价格计算。(2)行为人支付股本金而购买较有可能升值的股票,由于不是无偿收受请托人财物,不以受贿罪论处。(3)股票已上市且已升值,行为人仅支付股本金,其'购买'股票时的实际价格与股本金的差价部分应认定为受贿。"足额购买具有上升空间的原始股,是不构成受贿罪的。但是后来在这个实践中,慢慢地突破了这个规定,对一些小额的购买原始股的行为,也按受贿罪处理。那么后来,产生巨额收益的原始股受贿案件,会怎么处理?法律人普遍会感受到这类受贿案件的危害性是有别于典型的受贿罪的。如果你动辄按受贿好几亿元的数额给它入罪处理的话,那么判决确定的刑期肯定会违反罪刑相适应原则的。这个局面形成之后,现在有一个动向是检察院、法院对这种入罪处理开始寻求理论支撑。针对原始股受贿这类案件,律师首先要明确一个辩护立场,就是当下关于受贿罪的各类司法解释仍有效,这些刑法条文和司法解释实际上非常明确地规定了怎么样入罪、怎么样出罪。我们不否认现在这个高压反腐的态势是长期的,而且刑法一直都有扩张处罚贪腐的冲动;但是处理这类的案件也要在法律的框架内进行,而不能突破罪刑法定、罪刑相适应原则。借着新的司法解释没有出台这样一个窗口期,作为刑辩律师要探讨和呼吁,希望立法者在新司法解释制定的过程中一定要遵守刑法的各项原则,千万不能搞"一刀切",不能不问实际情况,一律进行客观入罪处理。

合同诈骗罪辩护要点

30 诈骗罪疑难案例研讨

门金玲等

门金玲： 涉嫌诈骗的，可能都有一个问题，就是被害人知情的阻却。在被害人对所谓的虚构知情的前提下，实施诈骗行为的人不构成诈骗。我觉得应该还是在责任层面阻却，也就是说，可能我所有的行为表现已经具备了违法性，但是在辩护的时候我们都强调，在违法性构成的前提下，如果我明知你是来骗我，还继续上当，自陷风险的话，是不构成犯罪的。

赵岐龙： 汇票在什么情况下是一种诈骗行为，什么情况下是一种民事纠纷行为，关键就在于最原始的出票。出票必须得有资信，尤其开商业承兑汇票时，你未来一定是能够进行承兑和付款的。如果你从开票之日起就没有这种承兑能力，但你伪造了很多应收账款，与很多企业之间有业务往来，然后你开这个商业承兑汇票让你的直贴行产生了误解，认为你有履行能力，实际上你可能不能承兑，那么就可能涉嫌诈骗。但是如果开票人具备这个实力，只是事后没有履行能力了,但是最开始是有的,且他以前的对外应收账款也都是真的,清单交易、封包交易,实际上它不是单个的票据贴现,它就是一种便捷融资行为,一旦出现纠纷的话,对不起,这不是一种票据贴现,享受不了票据权利,不能跨越前手,那这就是合同纠纷了。

肖树伟:行为人挪用了公司财物,如果追回以后原本还给公司,减少了经济损失,但是可能不能完全达到合同诈骗这个罪能实现的全部经济目的,借力打力也好,或者是咱们再给他寻找其他罪名,或者是先易后难来讲的话,我觉得从这个职务侵占或者挪用这块立案的可能性应该更大一些。

王馨仝:一个企业在发展的初期背负着巨大的资金压力,有时候企业家会采取一些饮鸩止渴的方式。咱们其实做刑事控告,它就更倾向于辩方思维,咱没有那个侦查权,手头能拿到的东西非常有限。

夏俊:在做刑事控告业务的过程中,我觉得一定要打开思路,一定要去转换你作为辩护人的思维,要转变过来,从作为一个刑事控告的代理律师的角度,去构建各种有利于我们的相关的一些点,然后找到突破口,而且也要明确这个当事人他真正的诉求是什么。

31 合同诈骗罪与诈骗罪的区分

张德山

根据《刑法》第224条的规定,合同诈骗罪是以非法占有为目的,在签订、履行合同的过程中,采取虚构事实或者隐瞒真相的方式,骗取对方当事人的财物,数额较大的行为。合同诈骗罪在刑法分则第三章破坏社会主义市场经济秩序罪的第八节扰乱市场秩序罪中,侵犯的客体是公私财产所有权和市场秩序。这和普通的诈骗罪有所不同。普通的诈骗罪属于侵犯财产犯罪,它侵犯的客体只是公私财产所有权。我们来看一下《刑法》第224条的部分条文:"有下列情形之一,以非法占有为目的,在签订、履行合同过程中,骗取对方当事人财物,数额较大的,处三年以下有期徒刑或者拘役,并处或者单处罚金;数额巨大或者有其他严重情节的,处三年以上十年以下有期徒刑,并处罚金;数额特别巨大或者有其他特别严重情节的,处十年以上有期徒刑或者无期徒刑,并处罚金或者没收财产"。那么下面列举的行为是:一是以虚构的单位或者冒用他人名义签订合同;二是提供虚假担保;三是没有实际能力,先履行小额合同,再诱骗当事人继续签订和履行合同;四是收受了对方当事人给付的货物、货款、预付款等逃匿的;五是以其他方法骗取对方当事人财物的。

合同诈骗罪与普通诈骗罪在逻辑上是特殊和一般的关系。合同诈骗罪与诈骗罪的区分主要包括以下三个方面。

罪名	犯罪主体	犯罪手段	犯罪客体
合同诈骗罪	单位/自然人	合同标的物或与合同相关的财物	公私财产所有权、市场秩序
诈骗罪	自然人	财物	公私财产所有权

第一,犯罪主体。合同诈骗罪的主体可以是单位,也可以是自然人;而普通诈骗罪的主体只能是自然人,与此相似的贷款诈骗的主体也只能是自然人。如果是以单位的名义贷款,事先经集体决策,犯罪所得归单位所有,不能认定单位犯了贷款诈骗罪;如果确定是单位犯罪,可以按单位犯合同诈骗罪来处理。

第二,犯罪手段。合同诈骗罪骗取的财物一定是合同的标的物或者是与合同相关的财物,是履行合同后附随的结果,如货款、货物、定金、预付款等;如果骗取财物并未伴随合同的签订和履行,与合同无关,也不能认定是合同诈骗罪。

第三,犯罪客体。合同诈骗罪侵犯的客体是复杂客体。诈骗罪规定在《刑法》分则第五章侵犯财产罪当中,其侵犯的客体是公私财产所有权;而合同诈骗罪分布在《刑法》分则第三章破坏社会主义市场经济秩序罪第八节扰乱市场秩序罪中,也就是说合同诈骗罪侵犯的客体除了公私财产所有权以外,还包括扰乱市场秩序。

如何理解和认定合同是判断某种行为是否构成合同诈骗罪的一个关键,主要包括合同性质和合同形式两个方面。并非所有涉及合同的诈骗罪都一定构成合同诈骗罪;合同诈骗罪中的合同应当体现一定的市场秩序,体现财产转移或交易关系,是给行为人带来财产利益的合同。与市场秩序无关的合同,不受市场调整的合同(比如没有交易性质的赠与合同以及婚姻、收养、抚养、监护等涉及身份关系的协议),不扰乱市场经济秩序,通常情况下不能认定为合同诈骗罪当中的合同;单纯的民间借贷和个人理财合同,一般情况下也不构成合同诈骗罪中的合同。

成立诈骗罪必须符合以下构成要件:行为人以非法占有为目的实施欺诈行为,欺诈行为致使受害人产生了错误认识,受害人基于错误认识而处分了财产,行为人基于这种欺诈行为取得了财产,被害人的财产基于这种欺诈行为而受到了损害。非法占有的目的是合同诈骗罪认定中最大的问题,也是合同诈骗罪与合同欺诈行为的主要区分标准。虚构事实、隐瞒真相是合同欺诈与合同诈骗罪当中所共有的手段;因此,并非只要实施了虚构事实、隐瞒真相的欺骗行为,就构成合同诈骗罪。认定构成合同诈骗罪的关键在于行为人是否具有非法占有的目的。非法占有目的的认定可采取三个要素来判断:第一看履约能力,第二看履约行为,第三看事后态度。

32 合同诈骗罪辩护方向分析

王志强

我们的同事，我们的同行，最为关注的就是拿到一个案子之后，怎样看到它无罪的点和罪轻的点，这都是我们最关心的。我们来画一个大圈，圈里面是合同诈骗罪的两阶层的犯罪构成。这个大圈的圈外就不构成合同诈骗罪。在这个圈里边，首先看一下客观层，行为、结果、行为和结果的因果关系是我们在确定行为人是否具备履行能力时比较关心的问题。主观层就是非法占有的目的；如何推翻控方的非法占有目的，这也是我们每个辩护人都最为关心的点，而且合同诈骗罪的非法占有目的非常之特殊。合同诈骗1万元以上2万元以下的，不宜或者不应直接认定成诈骗罪，因为根据《刑法》第224条，合同诈骗罪的起刑追诉的标准普遍是2万元。咱们作为辩护人还有这么几个方向是可以进行抗辩的。

第一个抗辩的理由是，合同诈骗罪它保护的秩序，首要的是市场秩序，其次才是财产法益，它是两层法益。根据刑法理论，主要法益决定了种类罪的罪名，次要法益决定着自身的犯罪构成。从这个角度上来看,符合合同诈骗罪的行为,就不应该用诈骗罪来调整。

第二个抗辩理由是,从立法的原意来看,当时立法者为什么对犯罪数额2万元以上的犯罪行为才用合同诈骗罪这种特殊的罪名来打击?因为当时他对这个行为是有所预料的。

第三个抗辩理由是,拿到案件时,还要进行认真详细的分析,特别是如果根据个案的事实情况还有相关的证据,该案件符合一般法和特殊法关系的,我认为此时是不能适用诈骗罪来进行处罚的。但是如果同一行为触犯了两个罪名,那么此时是可以考虑用诈骗罪来进行规制和打击的。关于《刑法》第224条,即合同诈骗罪兜底条款的适用问题,实际上应保持一种更加慎重的态度:这个兜底条款不是一个筐,不是什么行为都能往这个筐里装的。你在往这个筐里装的时候,第一层应注意需要大致的同类型,还应依据相应的比例原则,这个是必须遵守和思考的一个点。第二层是非市场秩序的类合同行为,比如行政合同、赠与合同等合同行为,都不能把它放到兜底条款这个筐里面。第三层是要符合合同诈骗罪这个罪名的规范保护目的。合同诈骗罪这个罪名的规范保护目的是市场经济的秩序;如果一个行为遵守了市场的诚信原则,那么就不能够适用这个兜底条款。第四层是要找到合同诈骗罪,即《刑法》第224条前4款最大的公约数,前4款的行为分别是假冒型、虚假担保型、小额付款型、逃匿型,这4款行为我们可以把它比喻成4个旗,你要抽出这4个旗的公约数来,可能就是要遵守市场之间平等诚信这么一个最大公约数。如果指控的行为不符合这个公约数,你是无法放到第 5 款这个筐里的。

客观违法层主要是看行为还有履约能力,将不是合同诈骗罪的欺骗行为从危害行为这个角度把它踢出去;它不是危害行为,自然它就不符合罪刑法定在客观层关于危害行为的要求。履行能力的问题,实际上比这个客观行为的判断要更为综合一些。履行能力的判断必须得是动态的,而且是在合同的签订、发展、履行,一直到履行完毕这么一个动态的过程中进行判断。对合同欺诈行为,我们从事民商事法律业务的律师朋友并不陌生;如果在欺骗或者是重大误解等情形下签订的合同,行为人可能存在合同欺诈问题。我的核心观点就是合同欺诈根本就不属于合同诈骗。关于犯罪数额的认定问题,一个合同诈骗罪的犯罪数额,有最开始的原始的合同数额,还有履行过程中受害人的损失额,还有行为人初步拿到的数额和行为人最终拿到的数额。

主观层考虑合同诈骗罪的故意,分析他是直接故意还是间接故意是没有意义的,我们最有利的切入点就是考量他的非法占有目的。非法占有目的到底怎么样去把控,通过非法目的的辩护为行为人争取更多和更大的利益,辩护人论证行为人不具有非法占有目的的六个方向的延伸,到底怎么论证?非法占有目的必须通过行为来论证,非法占有目的本身就是主观问题,你需要用客观事实和客观行为来推翻行为人不具有或者证明他不具有非法占有的目的。

33 合同诈骗罪辩护要点及案例分析

刘立杰

合同诈骗罪其实是既常见又普通但是争议却非常大的一个罪名,这个罪名深挖的话里边有很多的内容。第一个是合同诈骗的罪与非罪的问题,第二个是此罪与彼罪的问题,第三个是合同诈骗罪认定结论对案件的影响或者认定罪与非罪对被害人的影响问题。合同诈骗若不构成犯罪,往往就会往民事欺诈的角度来辩护,那么合同诈骗罪和民事欺诈怎么区分,其实这就是一个刑民交叉的问题。

罪与非罪里边我们强调的是与民事欺诈的区分,这是第一个问题。第二个问题就是非法占有目的的认定,其实这个问题有很多的观点。就刑民交叉而言,这一块目前是学术界争议比较大的,而且没有定论。

关于此罪与彼罪的问题。合同诈骗罪跟诈骗罪是特殊和一般的关系,它俩的区别是数额入罪标准不一样、量刑升档不一样以及单位构不构成犯罪不一样。如果是诈骗,单位是构不成犯罪的;但如果是合同诈骗,就可以往单位上推。如果构成单位犯罪,就会把量刑档瞬间拉升五倍、十倍。

我们办的一个案件现在已经一审,取得了很好的结果,具体情况给大家说一下:它涉及此罪与彼罪,以及犯罪金额的认定问题。它是一个工程类的案件,涉及的主要项目是修高速公路,同时还要修各种桥梁和设施,以及铺设排水的管道。行为人报预算的管材跟他实际使用的那个管材价格差几倍,也就是他用的是便宜的合格的产品,但是报预算的时候报的是高的那个。另外,在修的过程中会临时搭建一些桥梁,为了方便工程车通过,因为是临时的,施工完了这个桥还要拆掉,所以行为人就认为这个临时的东西不应该花这么高价,选用便宜的建材可以给自己节省一点成本,反正出了事故他自己担,早晚要拆,所以说他就弄了便宜的,结果他报上去的价格是高价。此外,还会挖一些检测井,挖十个井他说弄了五十个井,他多报了四十个。存在这么几种情况,一种是说以次充好,一种是说以无充有,还有一种是可以拆的这种,那么在办案机关指控的时候,全部都按照诈骗金额来算,有4000多万元。案件到了检察院后,经过沟通,检察院认为行为人使用的是合格产品,也就说履行了部分内容,他们认为这个就属于民事欺诈了,当然也有相应的判例(关于在工程合同里边以次充好但是次品也是合格产品的案例),所以把这4000多万元里边的大头拿掉了,还剩100多万元。但是100多万元,在当地可能又是一个量刑档,那我们的目的很简单,我第一个目标是减数,别管是合同诈骗还是普通诈骗,我要把数量减下来,由4000多万元减到100多万元。第二个目标是到了 100 多万元，就要变定性，由个人的诈骗变成合同诈骗。第三个目标由个人的合同诈骗变成单位的合同诈骗，这样就由 10 年以上降到 3 年到 10 年，再降到 3 年以下，实现了 3 个量刑档的降档。在这个过程中，首先第一步我们实现了由普通诈骗到合同诈骗转变的目的，法院驳回了检察院的意见，认为符合合同诈骗。法院认为这虽然是挂靠的资质，但是毕竟是一个工程合同，一个人不可能完成这些事，且他还是以一个公司的名义实施的。但检察院认为你就是个包工头，你做这个施工，你就是个人，你跟发包方之间没有签订正式的合同，所以说不是合同诈骗。那我们就说我们虽然跟发包方没签订合同，但是我们跟我们的挂靠单位签订了合同，这其实就是一个间接的合同，这个观点被法院采纳了，法定刑降到了 3 年到 10 年这个档；再往下降，就是把这个定性变了。但是改为单位犯罪的时候没有成功，我们后来又找了一个自首或立功的情节，然后把这个刑期由 10 年以上降到了 3 年半。针对数额，我们本来想把已经建成又拆完的东西的数额扣掉，以使数额低于 100 万元，但是没成功。整个工程的总量是 4 亿元，当时在法庭上我们给检察官举了个例子，就说到比例的问题。我们说你看我们一共 4 亿元的工程才涉及诈骗 100 万元，这个比例很低。我当时举了个例子：我先订一个草莓蛋糕，蛋糕坯子有，蛋糕内容有，奶油没变，但草莓我们家没货了，我换成蓝莓给你送过来，你说我是诈骗。其实我想表达的道理就是一样，即整个工程没有实质改变，蛋糕还是蛋糕，奶油还是奶油，主体没变,只不过是上面铺的水果发生了变化,那你还能认定我是诈骗吗?实际上是瑕疵。也许是说服了法官,但是他可能改不了,不过在量刑上给我们大幅地降了下来,最后的法定刑是三年半,那么这就是一个比例的问题。

还有一个案例,是说我买你的房子,我付30%的首付款,但是我要求先过户,然后你同意了,结果你给我过完户以后,我拿着你的房子去抵押贷款,贷了70%的款我跑了,当时我买你房子就不怀好意。这种情况属于诈骗,但是被害人是谁?买卖合同之间的被诈骗的被害人,到底是卖房子的那个人,还是接受抵押贷给他70%款的金融机构?这涉及房子归谁的问题。那如果说认定了卖房子的人是被害人,那抵押放贷的金融机构就没损失,因为抵押权还在,房子还在。如果认定被害人是金融机构,那么卖房人的房子就可以追缴回来,损失由金融机构承担。最高人民法院的一个判例认为,被害人是房子的原持有人,因为这个诈骗分子一开始就没想给你70%的房款,也就是这个卖房人永远得不到这笔款项,你的房子是被骗了。之后介入的银行部门等相关的抵押权人,他是合法的权利,可以实现他的抵押权,所以最高人民法院觉得应该认定卖房子的人是受害人。表面上,我们看"合同诈骗"这4个字很简单,但实际上蕴含的一些重大问题都会在合同诈骗或者合同关系里面出现。

传销案件辩护要点

34 涉虚拟货币传销案件的辩护要点

夏 俊

因为组织、领导传销活动罪需要承担刑事责任的是组织者和领导者,所以说组织者、领导者的严格辨析非常重要。有时候案件里可能会涉及多人,那么这个人他到底是不是属于组织者、领导者,我觉得我们需要花一些力气去研究。最高人民法院、最高人民检察院、公安部《关于办理组织领导传销活动刑事案件适用法律若干问题的意见》第2条关于传销活动有关人员的认定和处理问题规定:"下列人员可以认定为传销活动的组织者、领导者:(一)在传销活动中起发起、策划、操纵作用的人员;(二)在传销活动中承担管理、协调等职责的人员;(三)在传销活动中承担宣传、培训等职责的人员;(四)曾因组织、领导传销活动受过刑事处罚,或者一年以内因组织、领导传销活动受过行政处罚,又直接或者间接发展参与传销活动人员在十五人以上且层级在三级以上的人员;(五)其他对传销活动的实施、传销组织的建立、扩大等起关键作用的人员。以单位名义实施组织、领导传销活动犯罪的,对于受单位指派,仅从事劳务性工作的人员,一般不予追究刑事责任。"我觉得,实践中更要重点关注第1款第5项兜底条款,即就传销活动的实施,对传销组织的建立和扩大起到了关键作用。那到底是不是关键作用?我觉得这个是我们在辩护中需要关注的重点。

在涉虚拟货币传销案件中,我们先要判断虚拟货币到底是真虚拟货币还是假虚拟货币,然后判断它是否是真正的商品,是否具有商品属性,还是只是一个以商品为噱头的假道具,这些我觉得都是应当关注的地方。在此类案件的辩护中,重点关注以下几点:

第一点是"货币的商品属性之辩"。我觉得主要分三个层次:首先,我们要判断在这个案子里是否存在商品,是否存在服务,如果没有的话,那可能就会被认定为传销活动。其次,如果存在商品,我们还要进一步去判断它到底是不是真正的商品,还是只是一个道具,这一点需要进行深入的发掘。最后,就是判断它到底具不具有交易价值,它可不可以跟主流的虚拟货币去进行交易,如果能够交易,证明它有交易价值。如果不能够交易,那就有可能会被认定为假的虚拟货币,进而会被认定为传销;而且这种交易能不能够被平台人为所控制,交易价格是不是由市场决定的,是不是具有交换价值,我觉得这都是我们在做商品属性之辩的时候需要关注的。我们在办理虚拟货币传销案件的时候仍然有辩护的空间:如果涉案的虚拟货币能够与主流的虚拟货币去交易,具有虚拟商品的属性,也具有商品价值,它就不属于传销活动所说的用于骗取财物的一个道具,而是一个真正的商品。那么基于它的商品属性,我们认为就不应当被认定为构成传销犯罪。

第二点是"经营性之辩",即要围绕它是不是单纯的团队计酬型的传销活动来展开辩护,是不是有区块链价值,是不是有商品价值,是不是以销售商品为目的,是不是以销售业绩为计酬依据,我觉得这些都是我们在进行经营性之辩的时候需要关注的。

此外,在涉虚拟货币传销案件的辩护中,还要关注"返利来源之辩",即关注虚拟币区块链项目的返利来源、返利依据和返利比例几个方面,区分"经营型传销"与"诈骗型传销"。需要注意的是,在办理涉虚拟货币传销案件时,电子证据在认定传销层级、用户人数和犯罪金额等方面都发挥着重要的作用,如果认定案件关键事实的电子证据存在重大瑕疵、来源不明,无法确定真伪,就不能据此认定构成犯罪。因此,"电子证据之辩"也是重要的辩点。

35 网络传销案件辩护的特点及要点

刘品新

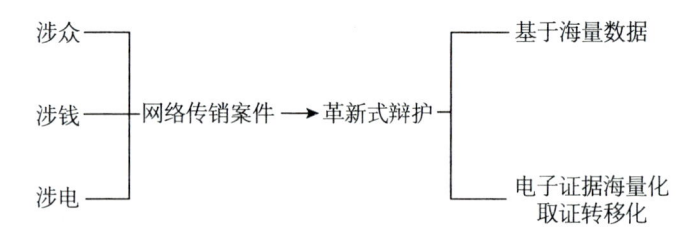

```
涉众 ┐                          ┌ 基于海量数据
涉钱 ├─ 网络传销案件 → 革新式辩护 ┤
涉电 ┘                          └ 电子证据海量化
                                  取证转移化
```

我们认为电子证据辩护,不是仅仅针对这个证据进行辩护,而是利用这个证据产生一种革新式的辩护。这种革新式辩护的第一个特点是基于海量数据,在海量数据里面找到有利于被告定罪量刑的证据,然后进行积极进攻。这种辩护需要有什么证据,其实海量数据里面都有。网络传销案件究竟有什么特征,是我想跟大家先分享的一个问题,我用三个词来概括:第一个是涉众,第二个是涉钱,第三个是涉电。涉众大家知道,就是人数很多,几十人上百万人的都有。而涉钱,就是涉罪后罚没的金额巨大。而涉电,是指这个案件有海量的数据之后,给我们提供了一种证据池,只要把它调动起来,就可能变成辩方非常有用的一种新资源。第二个特点是电子证据和电子取证出现了新的变化。电子证据的变化一个是海量化,第二个变化我用的是取证的转移化。通俗来讲,过去刑事诉讼的侦查工作一般由公安机关完成,现在由于区块链等技术的发展,有关案件的办案难度很大,一些配合公安机关侦查的配侦公司就应运而生了。如果配侦公司是真正的专业配合,其实无可指责;但是如果公司是为了逐利,是为了在罚没的钱里面再分出来一部分利益,那这个就会有问题。

穿透式审证对比穿透式监管、穿透式取证,我们要透过海量数据形成的鉴定意见书、会计审计报告和资金分析报告等材料的表象,洞穿其中所蕴含的办案过程。该案件是不是公安机关办的?公安机关或者配侦公司他们是怎么来做的?鉴定机构是专门的鉴定机构还是配侦公司?要穿透识别。现在有些鉴定机构实际上是配侦公司,它名义上是一个鉴定机构或者会计机构,其实背后是个公司,就要穿透现象,要搞清楚鉴定、勘验等办案过程以及被告人案发过程的所有事实,传销案件中要把虚假项目跟真实项目区分开来。穿透式审证是大数据时代给我们带来的有效辩护方法,也是我们必须完成的一个时代转型。为了配合这样的转型,我们应该做什么?要保障辩方有效获取海量数据。

36 证据的"综合认定"

曹树昌

"综合认定",就是说不能看某一个证据。我想谈一个我的想法,就是说最近这一段时间,我做的几个案件当中都涉及这个问题,也就是说以前我们常说证据确实充分,其实《刑事诉讼法》规定得非常明确。证据确实充分,有三个方面:第一,所有的事实都有相应的证据予以证明;第二,所有的证据都经过法定程序查证属实;第三,综合全案证据得出一个唯一的结论,排除合理怀疑。就《刑事诉讼法》的明确规定,我希望律师在办案当中能够时时刻刻地给予注意。这个法条在办案中起的作用很大,也希望我们每个律师,都能够在这里面得到力量,为我们中国的法治建设贡献我们的微薄力量。

37 电子数据在新型传销案件辩护中的重要作用

刘立杰

人多、钱多、电子数据多,传销案件确实是这样的,毕竟涉及的人多,所以涉及的钱多,也跟这个人多相关。首先,人多,哪怕每个人的金额都特别低,总额都可能巨大。另外,传销如果运转起来不赚钱,也就没人会放弃合法的业务去做这个业务了,所以注定了这是一个趋利性的犯罪。其次,传统的传销犯罪是地推式的,即"人推人";那么随着互联网以及新的电子数据的衍生,那就可能涉及从地推变成网推,以及有些直播的途径都可能被利用了。另外,从线下更多地变为线上,从人跟人之间的联系,可能变成网跟网之间、微信群之间的联系。最后,之前人工记账,我推销了几个人,我报到总部打个电话登个记,就跟以前买卖证券一样,到现在自动化记账,甚至出现量化的系统,确定分级以及如何计酬。犯罪行为决定了电子数据越来越重要,而且越重大的案件电子数据也越多,那么随着网络、电子智能化的发展,电子数据可能未来真的是证据之王。

我们说刑事辩护永无止境,那我们作为律师只有经常学习,通过了解电子证据,收集电子证据,向法官提出问题,通过我们的辩护促进司法公正,促进国家立法的完善,促进国家对这个犯罪的治理,我觉得这是我们刑辩律师真正实现的辩护价值。

38 传销犯罪辩护要点与商业模式

印 波

(一)传销类犯罪的辩护要点

对于传销类犯罪,我认为一个非常重要的辩护要点是传销行为到底是一个非法的经营行为还是一个诈骗行为。非法经营行为是指它在经营活动当中有违规的地方,而不是说构成非法经营罪。是一种不正当的营销,还是一种通过层压式的方式发展下线的诈骗行为,这是一个非常重要的问题。首先,我们要看一下立法原意,这里面我讲几个方面:什么是传销?什么是直销?传销、直销所涉及的罪名有哪些?有哪些辩护要点,以及传辩的局限性?这个领域是非常难作无罪辩护的。其次,我们谈谈传销。传统意义上的传销,经常瞄准的是弱势群体,包括下岗工人、退伍军人以及大学生。进入网络时代后,投资项目通过各种活动如区块链等新型模式来运营,有些传销活动不会控制人身自由。

(二)传销犯罪的本质特征及模式分析

传销活动最本质的特征在于诈骗性,所以说现在的组织、领导传销活动罪,实际上应该改名为传销诈骗罪。我认为组织、领导传销活动罪,应该拆分为两个罪名,一个是非法经营传销活动罪,另一个是传销诈骗罪。这里给大家提供一个辩点,就是事实上你要认真考虑,案件中的传销是一个欺诈型的传销,还是一个诈骗型的传销?是一个具有非法经营性的传销,还是一个真正意义上的骗取财物的传销?这里面传销,分为两种类型:第一种是有实体商品的传销,而且物有所值。第二种,传销界把它称为资金盘传销。组织、领导传销活动罪的构成要件主要包括拉人头、收取门槛费以及骗取财物等方面。它和《禁止传销条例》第7条中的第3项规定并非完全对应,尤其是第3项规定的团队计酬。就团队计酬而言,司法解释里明确区分为构成组织、领导传销活动罪的团队计酬和不构成犯罪的团队计酬。

接下来谈谈商业模式。只要大家看到五级三晋制,毫无疑问,这肯定是组织、领导传销活动罪。因为这个五级三晋制里面带有大量的欺骗成分,如拉多少人上一级,拉多少人再上一级,然后达到多少出局,达到一定级别,组长拿多少,主任拿多少,经理拿多少,总经理拿多少。然后其他几种模式,有定罪的有没定罪的。最常见的模式是双轨制,这个双轨制是小成本低运营,启动速度非常快,因为每个人只需要拉两个人,相对来说比较容易。但是这个模式,也是最容易坠入悬崖的,因为到后期发现拉不动了。最典型的,应该说最保守的就是太阳线级差制,达到一定级别后获得一定提成,提成达到一定份额后逐级递减。这个太阳线级差制是一个典型,每个人像一个太阳一样发出射线，每个人可以拉很多人。这种模式有一个专业名词"拨比"。"拨比"指的是要发给参与分配、发展下线人员的奖金占比情况。如果"拨比"超过 60%，这个模式就有很大的问题了，管控风险很高。但如果"拨比"在 30% 以下也会存在一个问题，成员挣不到钱，动力太小，所以"拨比"一般控制在 30%~60%。

建设工程刑事案件辩护

39 建设工程领域刑民交叉案件

侯志纯

以我们团队办理的一起刑民交叉案件为例来探讨建设工程领域的刑民交叉问题。案例基本情况是：河北某县一项县重点博物馆工程，由县某平台公司来开发建设。我们的委托人中标以后，因工期和资金支付节点与原招标文件不一致，洽商不成（有过程纪要）后弃标，但没有用书面方式告知发包人，仅在会议室和发包人在洽商过程中口头表达了弃标的意思，后续没有签订合同，也没有施工建设。

这件事过去两年以后，我们的委托人突然收到某平台公司主管单位的发函，要求委托人开具5000多万元的发票，委托人当时并不理解，公司都没干过活为什么要开票，主管单位的说法是你是该项目的中标总承包单位。紧接着委托人就收到了该县法院发来的传票等诉讼资料，该项目的分包单位起诉委托人要求支付工程款近2000万元。

这可以说是飞来横祸，委托人对该项目未施工建设，从未与分包单位有过合作，更谈不上结算欠款，案件涉及委托人的合同、付款申请、授权委托书等材料中的盖章及法定代表人签字均系伪造。一审过程中,我们向法院申请公章及笔迹鉴定,并要求原告基于"谁主张、谁举证"原则,要对欠款提供证据否则必须进行造价鉴定,也要求将该案件移送公安机关,庭审中有当事人也承认涉及委托人的公章和签字非委托人所为。但一审法院一次庭审过后仍旧直接判决委托人按合同金额支付工程款。二审阶段,我们采取各种路径维权,如刑事申诉、控告,最终二审法院认定一审法院事实认定不清,将案件发回重审,要求鉴定结算造价,对合同中涉及的委托人签字、公章也要进行鉴定,以查明相关事实。

这个案件涉嫌伪造印章、合同诈骗等刑事犯罪,证据也比较充分。如果该案能启动刑事程序,对民事案件全面深入查清事实,厘清各主体法律责任边界是非常有帮助的。

从上述案例可见,刑事程序的启动是把"双刃剑",有事实法律依据作为支撑,依法启动的话,它对案件当事人合法权益是保护。反之,则是损害,也会破坏法律秩序。所以我们律师在办理刑民交叉案件的时候,一定要坚守初心,坚持以事实为基础、以法律为准绳,用好法律这把正义公平之剑,不仅要保护好委托人的合法权益,也要维护社会经济、法律的有序运行。

40 用民事的思维看建设工程领域的法律问题

王惠玲

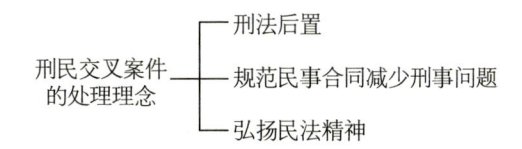

刑民交叉案件的处理理念
- 刑法后置
- 规范民事合同减少刑事问题
- 弘扬民法精神

我想给大家分享这样一个理念,就是在民事法律领域和刑事法律领域出现交叉时应如何应对。当纠纷产生的时候,我们长期秉承的"先刑后民"理念是否存在一定的问题?虽然"先刑后民"的理念被实务界的司法人员广泛接受,甚至可以说是根深蒂固,但是我认为"先刑后民"并不适用所有案件。"先刑后民"这个理念是长期重刑轻民的结果,其实法律并没有对此作出明确规定。所以,我想分享给大家的一个主要的理念就是,我们在办理刑民交叉案件的过程中,要视情况而定,不是一定要"先刑后民"。我从三个方面来讲一下自己的看法:(1)刑法是民法的后置法;(2)规范民事合同减少刑事问题的产生;(3)弘扬民法精神减少涉刑案件的发生。

在建设工程领域中,表见代理是最能体现刑民交叉问题的。因表见代理产生纠纷时,刑民交叉问题如何处理,是先进行民事赔偿,还是先来解决刑事问题?它具有典型的代表性。因为在转包、分包、挂靠过程中,很容易形成民刑交叉的问题。如果因之前行为不规范致使刑事问题产生,刑事案件出现后是"先刑后民","刑民并存"还是"先民后刑",这个问题值得研究,因为"先刑后民"在实践中的效果并不一定有利于纠纷的解决。

我记得读大学的时候,我们的民法老师徐建曾说过:"一个人如果一辈子遵纪守法不违法犯罪,可以不跟刑法打交道,但一定要和民法打交道,因为民法涉及每个人的人身权利、财产权利。"这句话对我影响很深。如果规范好民事法律行为,就可能会减少刑事案件;如果民事法律未规范,涉刑问题可能就会出现。

合同编是《民法典》中的一个重要内容,如果合同符合规范,那好多刑事问题都不可能产生。合同规范体现在合同内容、合同履行等环节。比如,招投标过程中的各个环节若不规范就可能演变成合同诈骗。

所以律师在跟法院沟通的时候,要敢于大胆地将并不是必须"先刑后民"的问题提出来,在某些情况下可以"先刑后民",但是在其他情况下,比如表见代理纠纷中,当事人就是为了逃避责任,为了不履行合同,那如果还是"先刑后民",民事案件就只能一直拖着,当事人则可能通过违法行为获利,这显然是不公平的。

40·用民事的思维看建设工程领域的法律问题

最后回到我分享的主题的落脚点,我们要发扬民法精神,做到文明、平和、理性,减少刑事案件的发生。建设工程领域的法律服务也要贯彻这一精神。

41 建设工程领域刑事案件罪与非罪的区分

王春军

我先讲一个刑事审判参考案例。当事人是实际施工人,被控诈骗罪。实际施工人就是自己购买机器、材料,然后组织人员具体施工的人,但是其没有资质。实际施工人干完活之后直接找到建设单位进行结算,建设单位把钱给他。实际施工人借了施工企业的资质,施工企业说实际施工人不应该直接拿钱,工程款应该先由施工企业收取再转付给实际施工人。后来,施工企业就报警说实际施工人虚构事实、隐瞒真相,构成诈骗罪。当时适用的是2004年最高人民法院《关于审理建设工程施工合同纠纷案件适用法律问题的解释》(已废止),依据该解释第26条,实际施工人可以要求发包人支付工程款,实际施工人以发包人为被告主张权利的,人民法院可以追加转包人或者违法分包人为本案当事人。发包人只在欠付工程价款范围内对实际施工人承担责任。2020年最高人民法院发布《关于审理建设工程施工合同纠纷案件适用法律问题的解释(一)》,上述相关内容规定在第43条。这个案件最终实际施工人被判无罪。

建设工程案件确实有研究的必要性。建设工程纠纷属于专属管辖,只能由工程所在地的法院管辖。建设工程纠纷具有以下特点:第一,建设工程纠纷涉案资金多。动辄几千万元、几亿元。第二,参与方多。有建设单位(业主)、施工方、勘察单位、设计单位和监理单位,这是五方,但其实远不止如此。建设工程行业是强监管的行业。第三,专业技术多。建设工程行业的技术有壁垒,一级建造师必须大学本科毕业,造价师也必须大学本科毕业,所以建设工程行业人员专业水平非常高。第四,违规情形多。比如挂靠、转包、违法分包,这些造就了建设工程刑事案件的特点,即行业属性强。第五,从业人员法治观念淡薄。他们认为整个行业都这么干,不可能构成犯罪。第六,司法实践重视度不够。建设工程领域专属性很强,但有些办案人员重视度不够,简单地套用办理其他案件的方法来处理建设工程纠纷。综上所述,我们一定要深入研究建设工程纠纷,才能实现成功辩护。

42 建设工程领域业务过失犯罪的界定

孙景仙

关于业务过失犯罪,实际是指从事具有危险性的专业工作的人在工作过程中违反规章制度,发生了刑法所规定的危害结果;犯罪人既有特别注意义务又有注意能力,而可期待的不注意致使自己的行为造成危害,最终构成犯罪。

关于业务过失犯罪的刑事责任,通说认为其要重于普通过失犯罪,原因如下:第一,特别注意义务。随着社会的发展,业务过失犯罪的危害性越来越大,所以相对于普通公民的普通注意义务,专业工作人员应当具有特别注意义务。第二,警诫意义。对业务过失责任人进行惩罚同样也是对其他人的警诫,有利于达到刑罚的目的,即让其他人不敢犯罪。第三,注意能力。专业工作人员的注意能力要比其他人高。第四,违反明文规定的规章制度。业务过失犯罪有专门规定,但普通过失犯罪往往没有明文规定。

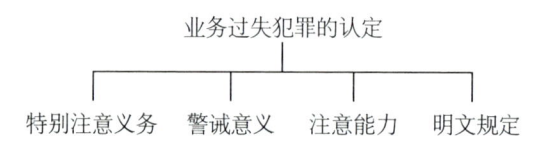

业务过失犯罪的认定
- 特别注意义务
- 警诫意义
- 注意能力
- 明文规定

43 建设工程领域涉及的刑事犯罪罪名

孙景仙

建设工程领域的刑事犯罪主要有以下几种。

(1)重大责任事故罪。这是最传统的建设工程领域的罪名,现在本罪被分解为几种具体的犯罪,本罪退化成一种类罪名。因为具体罪名和类罪名相仿,辨识度就不高了,所以建议对这一罪名重新界定。

(2)强令违章冒险作业罪。这是从重大责任事故罪里边分解出来的。关于本罪,首先,法律打击的是"强令","默许"不应该被认定为此罪,否则就是违背罪刑法定原则。其次,本罪罪名建议更改为"强令违章冒险作业事故罪",因为"强令违章冒险作业罪"没有体现出是故意还是过失,故意和过失同时出现在一个罪名中是不可理解的。最后,本罪的法定刑标准偏高,建议降低刑罚,由最高15年有期徒刑更改为10年有期徒刑比较合适。

(3)重大劳动安全事故罪。实际上劳动在这里已经取消了,该罪名应该改成"重大安全生产条件违规事故罪"。

（4）工程重大安全事故罪。这是典型的建设工程领域的犯罪,是1997年修订《刑法》时新增的罪名。这里面有一个问题是勘察单位能不能成为本罪的主体？因为本罪的主体为四类特定单位,不包括勘察单位。但实际上勘察单位在施工过程中也会出现安全问题,建议把勘察单位增加进犯罪主体中。

（5）不报、谎报安全事故罪。实际上本罪不是建设工程领域的专有罪名,在其他的领域如煤矿领域也存在,是《刑法修正案（六）》中增加的罪名。本罪的可罚性与上述几种罪不同,其与前面的事故已发生的情况实际上应该脱开,当事故出现时,相关人员应当及时报告,主动承担责任,如果不报告就构成本罪。所以,本罪是一种单独罪名,不能作为上述几种罪名的延续。

（6）玩忽职守罪。玩忽职守在建设工程领域往往是一种职业上的过失,通常发生在管理部门。如果是建设工程领域中负责监督的人员玩忽职守,因为他的监督属于职业监督,该人员具体构成的罪名应当是上面几种,而不是本罪。本罪的犯罪主体往往是行政机关。

为了完善建设工程领域犯罪规制的相关制度,应当修改特别注意义务;加重业务过失犯罪的刑罚强度,增加罚金刑和资格刑,剥夺相关人员的从业资格;另外就是增加危险犯,对于极个别特别严重的犯罪,应该增加危险犯。

44 建设工程领域的典型案例分享

刘立杰

我认为建设工程领域的案件类型有很多,既有刑事辩护又有刑事控告,同时也和非诉业务相关。我接下来主要从实务角度分享几个案例,分别谈一谈建设工程领域的非诉、刑事辩护及刑事控告业务。大家都知道,律师业务可以分为诉讼和非诉,其中在诉讼里边跟刑事相关的一个是控告,另一个是辩护,当然还有刑民交叉。

首先,我要分享的是一个跟征收拆迁相关的建设工程领域的非诉案例。几年前,我是某国有科研单位的常年法律顾问,主要负责帮助他们把控重大决策中的法律风险。项目的大致情况是市政府决定对该科研单位所在的区域进行旧村改造,所以批复对这家科研单位周边的部分集体土地进行征收。市政府下面的区政府就拿着这份批复去执行,但是区政府在执行的过程中又出具了一个公函,这个公函把原来市政府作出的批复里边不包含的一块土地征收了,准备用来做绿化。虽然我在征收拆迁方面研究不深,但是我在审核相关材料的时候察觉到有问题,基于职业的敏感性,我就查了一下问题具体出在哪里。经过仔细核对,我们发现区政府比市政府的规划多了 0.94 公顷,多出的部分就是归属于这家科研单位的国有资产。之后我就又去查区政府这么做是否履行了相关手续。我发现区政府已经补完了手续,对新增的这 0.94 公顷土地出具了公函。于是我就想区政府公函跟市政府的批复能否不一致?我们负责该项目建设的律师认为区政府是可以作出相应的征收决定的,所以公函有效。但我持不一样的观点,我认为必须是征收决定书才行,区政府的公函不行。

针对这个问题,我先后咨询了很多业内同人,大家认为我考虑的是对的。虽然我不是征收专业领域的律师,但是法理和专家们的意见给了我底气,于是我就把这个意见反馈给科研单位。科研单位的法务一开始还说我不服从大局,不利于科研单位和地方搞好关系,让我改法律意见。当时我哭笑不得,告诉他们我是在帮他们。土地虽然都是国家的,但集体的和国有的在法律上完全是两码事,这 0.94 公顷国有土地价值上亿元,如果你们在没有法定征收程序的情况下就拱手让出,很可能会造成国有资产流失,后续可能存在滥用职权或者失职渎职的刑事犯罪风险。

在我们律师团队的坚持下,区政府最后没有征收这块土地。这件事之后这个科研单位的领导和法务都对我们刮目相看,在大会小会上表扬我们,说我们敢于坚持原则,不会因为甲方说什么,我们作为乙方律师就完全听从;不但避免了国有资产流失,还帮他们规避了重大刑事法律风险,真正起到了保驾护航的作用。

其次，就建设工程领域刑事辩护案例，我分享的是发生在广东省某市的涉及工程总承包（EPC）的案件，具体为城市污水处理工程。因为市政建设工程企业有资质但没有资源，所以这个项目是实际施工人借用了市政建设工程企业的资质而获得的，合同是由市政建设工程企业跟当地的住建局签的。合同总预算金额大概 4 亿元，这里边涉及铺设排水管道、修筑检测井、搭建临时施工桥梁等项目。在这些项目中实际施工人涉嫌诈骗犯罪，被指控普通诈骗罪的诈骗金额是 4000 多万元。依据《刑法》及相关司法解释的规定，普通诈骗罪中诈骗金额 50 万元以上就要判处 10 年以上有期徒刑，诈骗 4000 多万元基本上就是 15 年有期徒刑或者无期徒刑了。

我们接手这个案件以后，第一个思路是看能否将普通诈骗罪辩为合同诈骗罪。建设工程领域的项目一般都会签订合同，但是这个案件当事人不是书面合同的一方，他是实际施工方，所以检察官认为没有合同就不能定合同诈骗罪。我们的辩护思路是认定该施工项目存在一个实质的合同，因为合同诈骗罪的量刑幅度、量刑档会比普通诈骗罪要轻一些。第二个思路是我们认为在建设工程领域，行为人以次充好、偷工减料或者其实施的工程质量差一点，与弄虚作假、虚增工程量等还是存在明显差异的，一个是好坏的问题，另一个是有无的问题。况且，本案涉及的主要是施工工艺问题，最多算是"偷工"但没有"减料"。同时，我们还找到了一些判例，判例中认为建设工程领域此类问题一般属于民事欺诈和民事纠纷，而且 EPC 模式下在项目验收时如果发现了问题也可以整改,实际施工人还可以退钱弥补损失等。所以在这种情况下,我们在审查起诉阶段把 4000 多万元里边的 3900 多万元给减掉了,认为这些都属于工程领域的民事纠纷,这一部分减掉了以后诈骗金额就只剩 100 多万元了。

针对剩下的 100 多万元,我们再辩护说当事人是合同诈骗,那么量刑就由 10 年以上变成了 3 年到 10 年。我们还想争取再辩为单位合同诈骗,那就存在判处 3 年以下有期徒刑的可能。但是一审法院最终没有认定为单位犯罪,判决实际施工人构成合同诈骗罪,判处了 3 年 6 个月的有期徒刑。

最后,是建设工程领域刑事控告案例。几年前,北京周边有个城市以举办某大型赛事活动为契机,一下子盖了大量的楼房,宣传本地特别适合养老休闲。当时地方银行非常愿意把钱贷给房地产公司,所以手续比较宽松,结果楼是盖起来了,但房地产寒冬也来了,很多房子卖不出去,房地产公司也还不上银行的钱,形成了一堆烂账。从法律角度来看,解决方法之一就是委托律师去控告那些借款企业,也就是"追赃挽损,刑事清收"。在这种情况下,就需要刑事律师介入研判。这个业务并不是刑事律师的传统业务,既涉及诉讼,也涉及谈判,还要处理很多非诉领域的账目、合同等材料。银行需要大量的刑事律师和审计人员来研判借款企业的哪些行为属于骗取贷款或者贷款诈骗。类似这种案件,一边涉及刑事控告,一边涉及刑事辩护,两边进行对抗,同时律师团队介入调解,这些都属于建设工程领域案件的范围。

我简单地介绍了非诉、刑事辩护和刑事控告业务,可以看到建设工程领域案件标的大、法律关系复杂、专业性强,所以说这个领域是大有可为,值得研究和深挖的。

45 建设工程领域案件刑民交叉问题

王在魁

刑民交叉是一个理论问题,在实践中也存在较大争议,并且关乎刑事案件中诸多民事主体的切身权益。大家探讨"先刑后民"还是"先民后刑",重点其实都在于对民事诉讼当事人权利的保护,那具体该如何保护呢?下面分几种情况来说明:

第一种情况,在刑事案件侦查过程中,不管是公安机关还是纪检监察机关进行侦查,只要侦查机关明确判定某些财物应当交付给对方当事人,即便不直接发放给对方也是可以处理的。比如,单位可能还有负责人未被抓获,但相关人员都已被抓获了,基于对方的申请,可以先发一部分财物给对方,像农民工工资,完全可以先支付。

第二种情况,要分两种情形:一种是确定与犯罪无关的财物,那自然应当履行相关手续后把财物归还给当事人。另一种是财物与犯罪有点关系,但关系又不那么明确,法官、警官一时难以准确判断,原则上出于避免被追究渎职责任的考虑,保守的做法就是先把这类财物扣下来,等最终确定了再处理。

第三种情况,当民事诉讼正在进行时,某方当事人涉嫌犯罪了,它可能作为被告,也可能作为原告。要是作为原告,情况或许还好些;要是作为被告,正常的民事审理流程还是应该继续,顶多可以设计一种制度,就是允许审判、上诉,但暂不执行,这样就能保证将来不会出现财产损失的情况。之所以要考虑"先刑后民",更重要的一点就是要保障财产安全,就怕民事判决后把财产都执行走了,后来发现该财产是犯罪所得,虽说要保护民事诉讼中原告的权益,但刑事案件中被害人的权益同样需要保障,这就需要做好平衡。所以,在这种情况下也得具体分析,如果涉嫌犯罪且与犯罪有关联,那自然应当采取相应措施,起码不能让被告人或者单位的财产随意流失。

我年轻时研读西方法律思想史,记得有位思想家说过,法律的最高原则是善。如今我工作了差不多 40 年,越发觉得这话太对了,尤其是对执法人员而言,"善"就是他们的最高原则。法条知识、业务技能固然是必备的,但对于一名警官、检察官或者法官而言,其内心秉持的原则、道德水准才是决定其专业工作做得好坏、做事效果如何的关键因素。特别是在处理刑民交叉这类案件时,如果能怀揣着善良之心、怜悯之心、公正之心,一般来说对问题就能看得更透彻一些。

可能有的同志会说,要是法律能规定得再细致些,按规定做就行呗。我觉得这是很难实现的。就好比数学里的抛物线,它可以无限接近于 y 轴或者 x 轴,但永远也抵达不了。只要法律规范的对象是人,法条就永远不可能做到百分百完美无缺。我们当律师也是一样的道理,对法条的熟悉程度和办案经验固然是基础,但要想真正赢得当事人的尊重,取得良好的办案效果,将来成为一名知名大律师,更重要的还是靠内心的善念、良心以及职业道德,这也是我们从事这个行业的理想追求。

生产销售有毒、有害食品罪辩护要点

46 从燃油罐车装食用油事件看生产、销售有毒、有害食品罪的辩护要点

王馨仝　王志强

（一）辩护人辩护此类案件应运用综合视角

对此类案件，辩护人需要明确自己的辩护职责是为当事人的利益最大化去努力，也是去行使《刑法》《刑事诉讼法》赋予刑事案件辩护律师的法定权利，用我们的专业视角去审查关乎定罪量刑的每一个方面、每一份证据，是否达到了可以据以采信定罪的证据标准。辩护律师行使的是法律赋予的权利，其工作目的是使控辩双方从不同的角度去审查这个案件据以定罪量刑的证据，是不是可以让法庭采信，并据此对犯罪嫌疑人定罪量刑，因为这毕竟关乎当事人的人身自由，甚至生命，这也是我们作为辩护人所应当履行的职责。

2024年7月初，国内媒体曝光的罐车卸完煤油直接装食用油的消息，引发了全国范围内的强烈关注和讨论，重视程度堪比之前的地沟油事件。该报道称"食品类液体和化工液体运输混用且不清洗，已是罐车运输行业里公开的秘密，这也反映了长期以来该行业普遍存

在的乱象"。民以食为天,食以安为天,一直以来我国对食品安全始终持零容忍态度,相关法律及司法解释规定,在食品生产、销售、运输、储存等过程中,使用不符合食品安全标准的食品包装材料、容器、洗涤剂、消毒剂或者用于食品生产经营的工具、设备等,造成食品被污染的,可构成生产、销售不符合安全标准的食品罪或者生产、销售有毒、有害食品罪。生产、销售有毒、有害食品,如果致人死亡或造成特别严重后果的,最高可判处死刑,可见我国对这一问题规制之严厉。

作为一种典型的法定犯,从法秩序统一性原理出发,在认定生产、销售有毒、有害食品罪乃至一系列危害食品安全犯罪时,必须以违反民法、行政法等前置法为前提和基础。因此律师在辩护时,不仅需要精准熟练地运用刑事辩护技能,还需要兼顾民法和行政法的综合视角,全面考虑案件的具体情况,制定合理的辩护策略。

(二)该类案件辩护中的主体及行为分析

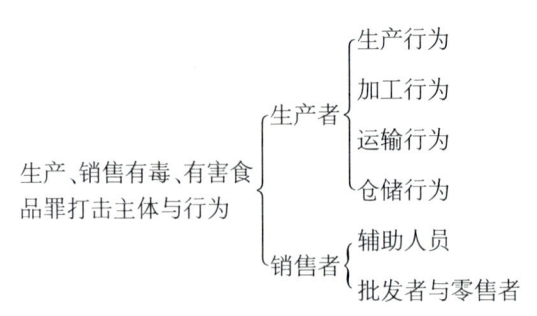

```
                              ┌ 生产行为
                              │ 加工行为
                      ┌ 生产者┤
                      │       │ 运输行为
生产、销售有毒、有害食┤       └ 仓储行为
品罪打击主体与行为    │
                      │       ┌ 辅助人员
                      └ 销售者┤
                              └ 批发者与零售者
```

《刑法》第 144 条就是生产、销售有毒、有害食品罪,我细化成 20

个出罪的链接点。我说的链接点,既是控方想要用扳手使劲把它铆紧、抓实、拧紧的一个环节,更是我们辩方把它辩松,然后辩得对当事人有利的环节。面对被指控涉嫌生产、销售有毒、有害食品犯罪案件,我们问的第一个问题就是主体到底是生产者还是销售者?按照《刑法》第144条的规定,其主要打击的是生产者和销售者。但是从《食品安全法》的视角来说,它对加工行为、储存行为和运输行为是给予行政处罚来处理的。但是,在2021年最高人民法院、最高人民检察院《关于办理危害食品安全刑事案件适用法律若干问题的解释》中又扩大了主体打击范围,将运输行为、仓储行为及其他一些辅助行为的主体都纳入打击对象范围内。

关于生产者和销售者,其一,生产者和加工者的概念是完全不一样的,有时候我们在个案当中会遇到仅仅是委托加工行为和受托加工行为,这种加工行为是不作为打击对象的。其二,是销售者还是辅助人员,辅助卖货的人员是不作为此罪的打击对象的。其三,是批发者还是零售者。批发者的销售行为社会影响力比较大,但零售者的社会影响力和危害是比较小的。我们办理此类案件,要想办法变源头为支流,因为根据最高人民法院、最高人民检察院《关于办理危害食品安全刑事案件适用法律若干问题的解释》的规定,对涉食品、药品的犯罪,是整链条、全链条进行打击的,特别注意的是追根溯源,如果你能脱出源头,你就很可能实现无罪和罪轻。

第二个问题,行为是实行行为还是帮助行为。实行行为犯,这个不用作过多的解释,共犯也不用作过多的解释。但是在 2021 年的时候,上述司法解释当中扩大了对共犯的打击范围。比如说你为实行者提供证明、证据、账号,这些都是作为共犯来处理的。此外,提供生产、仓储、运输设备的行为,对外的宣传行为和广告行为,都是作为打击对象的。

证券领域刑事、民事、行政责任的衔接与应对

47 证券领域严抓强管不是目标而是手段

王馨仝

证券金融事关经济发展大局，上市公司违规开展业务，风险防控不足，可能会触发行政、民事、刑事多角度、立体化追责，违规违法成本将持续增大。以紫晶存储欺诈发行案为例，证监会对该公司及相关责任人员共处9000万余元罚款，对两名实际控制人分别采取终身市场禁入、10年市场禁入的制裁，前期已通过先行赔付程序赔付投资者损失约10.86亿元，四家中介机构还另行缴纳承诺金约1.89亿元，并承担先行赔付中适格投资者未领取的损失金额约1179万元，涉嫌刑事犯罪的公司实际控制人已经被检察院批准逮捕，紫晶存储也被上海证券交易所强制退市。众多前车之鉴提示我们，一旦发现证券风险，就应当在第一时间做好行政、民事与刑事责任交叉并行和相互之间因果关系影响的应对与准备工作。证券领域严抓强管并不是目标，而是手段，为的是保证我们能够拥有一个与金融强国相匹配的资本市场，具体是指在未来5年形成资本市场高质量发展的总体框架，到2035年建成具有高度适应性、竞争力、普惠性的资本市场，到 21 世纪中叶,建成与金融强国相匹配的高质量资本市场。资本无国界,资本永不眠,我们只有打造出成熟健康的资本市场,才能吸引国际资本,增强国际竞争力,成为金融强国。

48 伪市值管理的三种方式

李 静

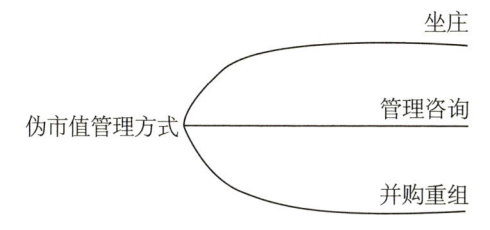

```
                    ┌── 坐庄
伪市值管理方式 ──────┼── 管理咨询
                    └── 并购重组
```

伪市值管理主要有三种方式：第一种是坐庄。坐庄就是通过先压低股价，然后坐庄，让庄家低价吸筹，最后再抬升股价，抬升股价之后就到了出货阶段了。第二种是寻找机构提供伪市值管理咨询服务。提供市值管理咨询服务，原来在机构里面是一个很正常的业务，但是现在被污名化了，因为在并购重组的时候，如果不管理好自己的股价，或者股票质押了之后不管理自己的股票价格，那么很容易就会被平仓，或者并购交易就会进行不下去。第三种是通过筹划并购重组的方式进行伪市值管理。这种有两种模式，在并购重组之前，大股东会把自己的股票减持给机构，等到并购重组完成，股价一上升一稳定,那么这个机构方就在这个时候减持股票,实际他减持的是这个大股东的股票,这是一种模式。第二种模式就是机构在并购重组之前,它会先增持这家上市公司的股票,等到并购重组完成之后,再减持获利。以上就是伪市值管理目前的几种方式。

49 证券类案件的尊让性、专业性与综合性

刘立杰

司法对行政决定有一个尊让性,这就决定了所有的证券类案件,在接受证监会调查之前,一定要提前准备,一旦进入听证程序,其实就已经晚了。但是刑辩律师接到案子的时候往往已经行政处罚完了,移送到公安部了,公安部都要移到省里边了。最高人民检察院现在设有7个证券办案基地,人民法院有8个。主要集中在北京、上海、天津、重庆、青岛、大连这些地方,接受公安部直接移送,所以很多案件律师介入时都已经移送过去了,已经晚了,所以说一定要考虑到这种特殊性。第二个就是它的专业性,证券类案件的专业性就体现在:你看今天下边听课的这么多,网上听课的网友也很多,但是能听明白的,包括律师,我估计也不会太多,就是掰开了揉碎了,由专业律师给你讲都不一定明白。所以当事人碰到这种案件一定要找专业的律师。最后一个就是综合性。证券类案件在行政听证阶段,应当找行政律师,然后到了公安机关就找刑事律师,到民事程序阶段就找民事律师。所以说你应该在出事之初,被调查的时候,就行民刑一块来

找,很简单的一个道理,证监会调查完了,在家里等着公安局去抓是不构成自首这个情节的,律师告诉他至少别被抓,打电话去自首也行,结果他就在家等着,突然有一天在家里被带走了,刑期都是 5 年以上,没有缓刑。我们碰见的 10 个案件里边有 9 个是这样的,所以说在被调查的时候,就应该找到刑事律师,问问什么是自首。

游戏公司刑事风险防范

50 游戏产业可能涉及哪些罪名

王馨仝

游戏产业近几年来的发展非常迅猛,《2023年中国游戏产业报告》数据显示,国内游戏产业的销售收入首次突破3000亿元,同比增长13.95%。根据《2024年1—6月中国游戏产业报告》,2024年上半年的销售收入就有1472亿元,同比增长2.08%。所以这样一个快速发展且技术性也很强的行业,就受到了很多人的关注。在有利益可取的情况下,可能就会有违法行为发生。游戏产业可能涉及哪些罪名?首先是提供侵入、非法控制计算机信息系统程序、工具罪,破坏计算机信息系统罪(要达到一定的严重后果)。其次比较常见的是侵犯著作权罪,比较高发的赌博罪、开设赌场罪,还有帮助信息网络犯罪活动罪(为其他的行为犯提供一定的帮助),以及拒不履行信息网络安全管理义务罪(这是一个不作为犯罪,网络服务提供者如果不履行法定的监管义务,就有可能构成这个罪名)。最后就是非法经营和侵犯商业秘密。侵犯商业秘密罪这个罪名对游戏公司来讲可能是很核心、很重要的。

51 游戏私服的行为风险分析

万 力

私服其实就是犯罪分子或不法行为人,非法获得正版游戏的网络服务端以及 PC 端安装程序后,用自己的网络搭设的服务器。其他的人可以来这个服务器玩,也就是说犯罪分子或不法行为人可以让消费者、玩家不玩正版的游戏,消费者、玩家充钱也充到了犯罪分子或不法行为人自己架设的私服里面。那这样造成的后果,就是正版游戏公司收入的减少。游戏私服行为可能构成侵犯著作权罪。该罪立案的标准是违法所得 3 万元以上,非法经营的数额 5 万元以上,复制品数量合计 500 张或 500 份以上或者有其他的严重情节。其他的严重情节有以下几种情形:(1)非法经营的数额 5 万元以上;(2)复制的产品的数量在 500 份以上;(3)通过信息网络传播侵权作品,实际点击数达到 5 万次以上;(4)以会员制的方式传播侵权作品,注册会员达到 1000 人以上;(5)通过信息网络传播侵权作品分别达到前述的(1)项到(4)项的 2 项里面的标准的一半以上。

52 游戏玩法是商业秘密吗

梁禹霖

刑法的侵犯著作权罪，规定在分则第三章破坏社会主义市场经济秩序罪中。该罪有一个比较明显的特点，即根据获利或者违法经营数额认定社会危害性，然后再根据社会危害性确定相应的处罚。侵犯知识产权罪这一节中有 8 个罪名，今天列举游戏所涉及的侵犯著作权罪、假冒注册商标罪和侵犯商业秘密罪。但实际上你会发现这三个罪名其实都保护不了真正的创意的那一部分。就游戏玩法而言，很难说它是商业秘密。游戏玩法如果是商业秘密的话，你就要保护它，你就不能公开它，它可能会涉及比获利或违法经营危害性更严重的行为，但是没有一款罪名可以适用，只能回到民事上通过不正当竞争去处理。实际上不正当竞争，其实是一个商法领域的概念，压根就不是知识产权领域的一个专有案由，但没有办法，它已经成为知识产权领域的高频案由。

53 游戏外挂适用罪名的演变

徐 伟

游戏外挂所适用的罪名,在实务历史上经历了几个阶段。2010年之前,适用的是非法经营罪;2011年到2016年适用比较多的是非法经营罪和侵犯著作权罪这两个罪名。2017年到2020年,适用提供侵入、非法控制计算机信息系统程序、工具罪。2021年及之后,如果仍然是比较传统的外挂,未经著作权人或与著作权有关的权利人许可,故意避开或破坏权利人为其录音录像作品等或者与著作权有关的权利采用的技术措施的,还会将该外挂行为一并纳入侵犯著作权的罪名上。在刑法修订之前此举还会有一定的争议,但在修订之后,可能适用侵犯著作权罪的情况会更多一些。

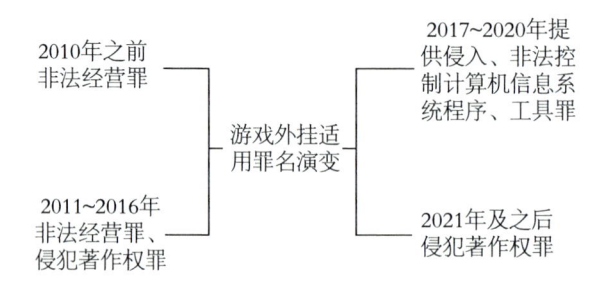

游戏外挂适用罪名演变
- 2010年之前 非法经营罪
- 2011~2016年 非法经营罪、侵犯著作权罪
- 2017~2020年 提供侵入、非法控制计算机信息系统程序、工具罪
- 2021年及之后 侵犯著作权罪

54 游戏公司内部调查获得的证据是否可靠

钱 浩 万 力

钱浩:有很多内部调查,尤其是在游戏行业,其专业性、技术性是很强的,有时候甚至还会依靠红客或者白帽子,那么这样形成的证据能不能在公安机关包括经侦等相应的部门获得认可,成为我们刑事犯罪中可靠的证据?它的三性,尤其是合法性层面能不能被法院认可?我们通过一些技术手段,进入被调查对象的后台的这些行为,会不会导致游戏公司面临一定的刑事风险?会不会对服务器、整个运营和代码产生一定的影响?

万力:第一,我们向公安机关报案的时候,提供的所有材料,全部都是依法合规的。第二,我们整理了很多资料,更多的来说是一个线索,其可能指向某一个违法犯罪行为。当然要达到立案的标准可能还会有关键的一步,有个鸿沟需要跨越。有些时候,有些地方的公安机关,在办案的程序当中,会采取收案初查的方式,使我们这个线索可以往前更推进一步。第三,我们有些线索,可能会更加偏向于引导,或者说有个大胆假设的过程:我在玩家比较多的相关的群里面,采用和热心玩家聊天这种方式。比如问一问这个游戏怎么样?用了多久了?挣不挣钱?挣多少钱?类似于这种引导。若对方说也不挣钱,每个月挣个几万元等就类似于这种的。那实际上我们会有一个合理的推断,就是其大概是可以被查处的。公司的安全部门,进入被调查对象的系统后台去调查,实际上已建立的一个前提是,公司对所有的运营,以及它形成的相关的数据资产,是有所有权的,所有的员工在入职的时候,可能都签署了相关的协议。在公司去做这种合规调查的时候,应采取一个合法合规的方式,使我们后续能够往前推进,避免让员工觉得这是非法获取的证据,甚至还可能由于种种的措施导致对员工本身造成不正当的损害。

55 游戏公司合规及维护自身权益的三点启示

王馨仝

```
                    ┌─ 制定严格的保密措施
游戏公司合规
及维护自身权   ────┼─ 树立取证意识
益的三点启示
                    └─ 熟悉刑事办案的全流程
```

从游戏公司合规以及维护自身合法权益的角度，可能有三点启发：第一点，一个成熟的游戏公司，要有非常严格的保密措施，对自己的技术秘密，要采取物理隔离的手段，并且要有合规体系，同时它还要有安全部门。该部门应及时地发现有问题的行为，并且取得相应的证据。第二点，对我的启发，就是要有取证的意识。实际上我们作为辩护律师，有的时候也会去接一些控告的案件，那么这时候，一个行为发生，它可能涉及多个罪名，比如说私服的这种行为，它可能涉及侵犯著作权罪，也可能涉及提供侵入、非法控制计算机信息系统程序、工具罪等。那么我们从哪个角度入手能更好地维护公司的利益？可能从整个取证环节，就要根据这个目标罪名的犯罪构成要件取得相应的证据。第三点,我们也需要熟悉刑事办案的全流程,能够从公司的角度配合公安机关进行侦查,配合网安进行侦查取证,以最终达到我们维护公司利益的目的。

商业秘密案件刑民交叉问题

56 商业秘密的内涵及特点

洪 燕

商业秘密,它到底是个什么样的东西?它跟专利有什么不同?跟其他类型的 IP 有一些什么不同?之前商业秘密不在知识产权的课题里面,是由《反不正当竞争法》来保护的。其实在理论界长期有一个争议:商业秘密到底是法益还是权利?这是一个理论性较强的问题,也有很多人认为理论方面的问题完全不影响我们在实务中办案,所以不需要管。现在,《民法典》已经把商业秘密归入了知识产权的范畴,所以从我们国家法律来看,它已经是个权利了。商业秘密案件一旦打起来就是伤筋动骨、就是信任破裂、就是情绪失控的,因为它跟一般的案件不一样。企业里大量的信息,一旦被泄露,则是对信任的极大破坏。

商业秘密有三性,秘密性、价值性和保密性。其实最高人民法院《关于审理侵犯商业秘密民事案件适用法律若干问题的规定》(以下简称《商业秘密若干规定》)已经给了我们一些很具体的判断方法,比如说秘密性就是要不为公众所知悉,并且不易被以合法手段取得,这是它的一个基本概念。该规定也指出在什么情况下可以构成商业秘密,或者不构成商业秘密。《商业秘密若干规定》里面给了几个反例,即什么情况下认为是公众所知悉,比如说一个信息是一般的常识或者是惯例,或者是我们可以了解到的产品的尺寸等,通过观察上市产品即可获得。在这里我想跟大家强调的是《商业秘密若干规定》。相对于原来的商业秘密案件判案经验的一个进步,也就是明确地说,对公众所知悉的信息进行整理、改进或者加工后形成的信息在侵权行为发生时不为所属领域的相关人员普遍知悉和容易获得的,应该认定该信息不为公众所知悉。商业秘密案件第一个争点是到底商业秘密是什么?什么可以构成商业秘密?我们要提交很多的报告、检索资料和一些公开出版的期刊文章,然后告诉法官对方提交的都不是商业秘密,还要去做各种各样的技术鉴定,去反对它构成商业秘密。第二个争点是价值性,就是能够使拥有者获得经济利益,获得竞争优势。你们可能不知道商业秘密是什么,或者说我的信息里面可能某一个点你们都知道,但是它作为一个系统你们不知道,或者说它作为一个信息的组合你们不知道,但这些都能给我带来竞争优势,我就都可以寻求法院的保护。第三个争点是保密性,这是商业秘密很关键的一点,就是权利人采取了一定的措施使商业秘密保持秘密状态。就商业秘密而言,在你打官司之前,可能不知道它是什么,甚至之后还不知道它是什么,这就是商业秘密案件的特点。商业秘密很特殊的一点在于其到底能获得多大程度的保护,取决于企业的保护水准。

所谓的合理的保密措施,主要是采取的一些防止泄露的手段等,而且随着对商业秘密保护的加强,法院接受、认可的保密措施种类越来越多。此外,法院还认可一些默示的保密义务,可能你们之间没有签订保密协议,也没有保密约定,但是按照合理推测,比如说交易习惯,你们相互之间认为对方知道这是商业秘密,那对方就应该履行保密义务。

57 商业秘密侵权案件的处理方式及刑民交叉问题

洪 燕

商业秘密侵权案件	情节	主观状态
刑事	严重、特别严重	明知
民事	轻微	应知

对商业秘密侵权案件,我们首要分析的是这个案件到底是要走民事程序还是走刑事程序,我们要给客户提供这样的建议。当然走民事程序一般都是没有问题的,但案件能否走民事程序,还需要我们给客户做评估。我们的评估要依据法律去做,那相关法律是如何规定的?《反不正当竞争法》中规定了经营者不得实施一系列侵犯商业秘密的行为,这个经营者是不是必须得是竞争对手?《反不正当竞争法》修改后,侵犯商业秘密的主体已不局限于经营者,比如说经营者以外的其他自然人、法人或者非法人,只要是参与了侵犯商业秘密的行为,都可以构成侵犯商业秘密。其实也是应着我们把商业秘密当作权利的法律调整,这个调整就是对人已经没有限制了,在主体上没

57·商业秘密侵权案件的处理方式及刑民交叉问题

有差别,行为客体也没有差别。那就是说关于商业秘密的客体的部分,民事领域和刑事领域完全一致了。差别在哪里呢?《刑法》侵犯商业秘密罪规定了情节严重、情节特别严重两种情形,所以刑民差别变成了情节上的差别。另外还有一个区别,就是主观方面的差别,明知是侵犯商业秘密的行为,又去获取、披露、使用构成刑事犯罪,如果是应知则承担民事责任。所以现在看起来,刑民法律规定的差别,一个是情节,另一个是行为人主观状态。

刑民程序在处理商业秘密案件上的不同,通常会涉及刑民交叉时的几个典型问题。第一个问题是谁先谁后,依据《商业秘密若干规定》第25条的规定,在商业秘密案件中刑事、民事程序的先后顺序并不是固定的。第二个问题是关于证据的相互借用,依据《商业秘密若干规定》第22条的规定,相互调取是可以的,你可以调取刑事案件中的证据,公安机关保存的关联性的证据,如果是当时申请调取的,可以提供,所以证据是可以相互使用的,这个没有问题。第三个问题是判决结果的相互影响,如果当事人主张依据生效刑事判决认定的实际损失或者违法所得来确定涉及同一侵犯商业秘密行为的民事案件损害赔偿数额,法院应予支持。但是刑事案件或者刑事附带民事诉讼案件的判赔额低于民事案件的损害赔偿判赔额,所以这可能会影响我们办理案件的策略。有时候期待刑事案件先进行,这样可以拿到更充分的证据,但是推进之后,如果刑事案件的损害赔偿或者实际损失金额定了,又可能会对民事案件产生影响。

58 商业秘密与专利的联系以及相关案件的周期、赔偿金额等问题分析

金凤华

在我国,专利主要是通过《专利法》来进行保护的,商业秘密则主要是通过《反不正当竞争法》来保护的。在专利方面,能构成刑事犯罪的只有假冒专利的行为,假冒专利罪这种罪名在司法实务中不是特别多。反之,实施与商业秘密相关的活动可能承担的刑事、民事、行政责任会多一些。专利是有一定期限的,它是通过公开来获取保护,最长期限是 20 年,商业秘密如果保护得很好,可以是无限期的;专利是通过专利制度获得了独占的保护,在这个保护期限内专利权人是可以完全独占它的,但商业秘密有可能你并不能独占它,如果泄密了的话,可能就直接进入了公开的领域。

商业秘密主要分为技术秘密和经营秘密两种。技术秘密跟专利交叉比较多,一般由指定的中院管辖;经营秘密,就是跟经营有关的,现在也有了商业方法之类的发明专利,尤其像银行等行业,跟商业方法有关的一些经营方法或者算法,是通过计算机程序来进行保护的,

58·商业秘密与专利的联系以及相关案件的周期、赔偿金额等问题分析

其实也可以通过发明专利来保护,由基层法院管辖。与商业秘密有关的刑事控告,一般由区一级的法院作最初管辖,当然如果损失特别大,在当地影响特别大的话,也会有提级管辖的情况。因商业秘密纠纷而向行政部门举报的,一般由区一级的市场监督管理局受理。民事诉讼相对来说是最容易提起的,对证据的要求没有那么高,只要达到初步的举证要求就可以了。刑事控告则是比较困难的,要求特别严,你要提起刑事控告的话,公安机关立案时是会非常谨慎的。

关于维权的周期,就民事诉讼而言,现在法院的案件特别多,尤其是一些大型的法院,案件积压情况很严重。现在审理此类案件,时间一般都是1年以上,刑事诉讼可能时间会短一些,但是中间也可能有各种各样的鉴定,各种各样的程序把时间拖延得更长,相对来说可能行政诉讼会快一点。

关于损害赔偿的金额,民事诉讼的赔偿金额肯定是最高的,刑事控告就只有损害赔偿这一部分,行政诉讼的话,对赔偿数额只能是调解,而不能直接判赔。目前,公安部知识产权犯罪侦查局正在开展防范打击侵犯商业秘密犯罪"安芯"专项工作,国家市场监督管理总局开展了"企业商业秘密保护能力提升服务月"活动。现在已经公布了两批全国商业秘密保护创新试点地区,已经建成商业秘密服务保护站点8000多个。

关于刑民交叉的顺序,现在没有先刑后民的限制了,我们可以先走刑事程序再走民事程序,也可以先走民事程序再走刑事程序。只

有以刑事案件的审理结果为依据的民事案件才应当是中止审理,即先刑后民。相对来说,就是看当事人到底更看重哪一方面,是更看重走刑事程序,让对方尽快地停止侵权,还是说想要得到更多的赔偿。

59 知识产权鉴定的发展及基本流程

刘光裕

	鉴定内容	委托方式	基本流程
商业秘密鉴定	1. 非公知鉴定 2. 同一性鉴定	1. 权利人委托 2. 法院委托 3. 法官指定	权利人提交材料 →鉴定机构初评—[不满足要求：不受理 满足要求：受理 →签署委托协议→组成鉴定组 →形成鉴定意见

知识产权鉴定实际上是相对小众的一个领域，但是在商业秘密案件当中或多或少是一个刚需，所以商业秘密鉴定在知识产权鉴定中所占的比例是比较大的。知识产权鉴定经历了两个发展阶段：第一个阶段是司法鉴定阶段，第二个阶段是知识产权鉴定阶段。2005年，全国人民代表大会常务委员会发布了《关于司法鉴定管理问题的决定》(已被修改)，我们业内叫它《228决定》，这个决定给司法鉴定下了一个定义：司法鉴定是指在诉讼活动中，鉴定人运用科学技术或者专门知识，对诉讼涉及的专门性问题进行鉴别和判断，并提供鉴定意见的活动。当时采用的是登记管理制度，法医类、物证类、声像资

料三大类是明确作为司法鉴定业务来进行管理的,然后其他类别的鉴定是参照这三大类进行管理,比如司法会计鉴定、司法建筑鉴定等。鉴定机构满足一定条件,并且鉴定人满足一定条件、通过司法局的笔试和面试,机构取得司法鉴定许可证,鉴定人取得司法鉴定职业资格证,才能从事司法鉴定业务。但是后来情况发生了一些变化。2020 年司法部发布《关于进一步深化改革　强化监管　提高司法鉴定质量和公信力的意见》,该意见提出要加强司法鉴定机构的管理,提出依法严格做好法医类、物证类、声像资料和环境损害司法鉴定登记管理工作,在原来的基础上增加了环境损害司法鉴定,除了四大类以外的司法鉴定,机构都不予登记,相当于其他类的司法鉴定机构都被注销了。所以知识产权鉴定拿不到司法鉴定的行政许可,就没办法称为司法鉴定。但是在诉讼程序中,知识产权鉴定需求还在,尤其是在商业秘密领域,它几乎是一种刚需。面对专业的技术问题,司法机关也好,律师也好,都需要一个机构来解决技术问题的判断,那么怎么解决这个问题呢?后来在 2022 年,国家知识产权局、最高人民法院、最高人民检察院、公安部、国家市场监督管理总局联合发布了《关于加强知识产权鉴定工作衔接的意见》。该意见给知识产权鉴定下了一个定义,知识产权鉴定是指鉴定人运用科学技术或者专门知识,对涉及知识产权行政和司法保护中的专业性技术问题进行鉴别和判断,并提供鉴定意见的活动。部委下的文件与其业务领域是相关的,所以限定在行政和司法保护当中。但实际上除了以上两个领

59·知识产权鉴定的发展及基本流程

域外,在一些特定领域也有一些鉴定的需求存在。

商业秘密鉴定主要分两块,第一块是非公知鉴定,就是对权利人主张的密点信息是否不为公众所知悉进行的鉴定。第二块是商业秘密的同一性鉴定,是对权利人所主张的密点信息和委托人提供的或者公安机关所查扣的资料是否具有同一性进行鉴定。在商业秘密民事案件中,委托鉴定大致分三种方式:第一种是权利人单方委托鉴定;第二种是法院委托鉴定;第三种是对一些比较特殊,或者是法官信心比较足,控场能力比较强的案件,法官会指定鉴定机构进行鉴定。

下面给大家介绍一下机构鉴定的基本流程。权利人确定这个密点以后会将密点材料提交给鉴定机构,鉴定机构会进行初步的评估,看他这个鉴定材料是否满足鉴定要求:如果满足要求,鉴定机构就受理,然后进行材料交接、签署委托协议;不满足要求的话鉴定机构会出一个不予受理通知书。签署协议后鉴定机构再根据相应的技术领域,提供一个6人到10人的名单给客户,如果在6人到10人当中,每个专家客户都不进行回避,那可能从中选出2人到3人组成一个鉴定组来实施鉴定。在某些案件中可能还涉及现场提取鉴定材料的过程,由鉴定机构提取鉴定材料之后进行鉴定,最后形成鉴定意见书;在一些案件中还可能涉及鉴定机构出庭质证。

60 商业秘密热点案例分析

汪妍瑜

今天想跟大家分享的主题是热点案例分析。我是从 2018 年开始，担任中华全国律师协会的《中国知识产权律师年度报告》的编委，这几年负责的板块正好是商业秘密案件。由于工作上需要，我平时会比较关注商业秘密的案件，关注这些案件当中体现出来的一些办案要点。

第一个案件是周某某侵犯商业秘密案，它是上海的典型案件，这个案件里有两个比较有意思的问题，分别是关于刑民分界的问题，以及侵权的损失怎么来确认的问题。基本案情就是周某某是中芯国际的员工，他在中芯国际时有权查看中芯国际关于电路的技术资料。他用工作电脑访问下载资料到本机以后，把计算机上的硬盘拆掉带回家，拷贝到自己家里的硬盘上，最后这个事情被公司发现了，单位以刑事案件报案。案件办理过程中，实际上会面临一个难题，即他的行为肯定是构成盗窃，但文件搁在自己的电脑上打算卖却还没有卖出去的话，这个犯罪数额怎么来确定？上海市第三中级人民法院在裁判中认定其构成了侵犯商业秘密罪,这里是两个裁判要点:第一个是刑民界限确定的问题。周某某单纯地以不正当的手段获取了商业秘密但他还没有卖出去,法院认为这个商业秘密存储于被告人的电脑介质内,并且他有意图销售牟利的行为,虽然他尚未对外披露使用就被抓获归案了,但是法院认为结合在案的证据,他主观上还是有出卖的非法目的,并且他的行为可能对权利人经营和发展造成实质性影响,因此还是构成刑事犯罪。第二个是还没有实质性出卖的情况之下,这个损失怎么来评判的问题。在这个案件中采用了虚拟许可加类比参照的标准。首先是让一个资产评估公司对这个商业秘密进行了价值评估,由于这个技术实际上没有对外许可,价值评估就参考了类似的商业秘密合理使用标准,以此定下了 126 万元的金额。

  第二个案件是青岛某高新材料有限公司的侵犯商业秘密案。这个是化工领域的案件,该案确立出来的同一性标准,可能对我们的工作也会有一定的帮助。被告人金某等曾经都供职于此公司,在任职期间他们以代持股的方式设立了一家新的公司,之后被告人违反保密义务获取了公司的配方工艺。在这些人当中,只有金某能够接触到配方相关的商业秘密,那么金某用的是什么办法呢?金某和姜某在通电话的过程中,金某给姜某念他在系统里看到的配方,姜某在另外一端拿笔记录,把公司的配方全部记下来了。他们其实很早就设立了相关公司,大概在 2015 年的时候,金某就职的公司还以不正当竞争为由与金某等人成立的新公司有过诉讼,之后双方和解,金某他们也承诺不会再用这个配方去牟利,但他们又打了一个"擦边球",对原始得到的配方做了一些微调,包括配方里用到的一些成分,比如说原配方中用的是 a 成分,他可能拿了跟 a 成分性质类似的 b 成分,做了一个小的替代。所以在这个案件当中他们主张用了不一样的配方,但法院仍然认定违法所得为 889 万元。化工技术领域专业性强且复杂程度高,案件难度大,检察机关采用的是技术信息加产品效果双重比对的方法。检察机关认为,产品使用的配方与权利人主张的配方,虽然在部分原料名称、溶质配置上有差异,但是整体的功能效果是近似的,仍然具有同一性。

61 企业在面临商业秘密案件时存在的问题

崔慧莲

今天我分享的是企业可能会更关注的一些问题,或者是在我们办理刑事案件当中,企业存在的一些问题。

首先是被害企业对商业秘密的保护措施。商业秘密的保护就是保护措施的 PK,我们服务的企业,有的保护措施确实不是很完善,他们很自然地认为自己公司有价值的一些信息就属于商业秘密,但是当我们去甄别这些商业秘密内容的时候,问公司有没有给这些信息加密码,文件里有没有标注"保密文件",这种简单的措施是否采取时,他们都给出了否定的答案。关于此,我们团队给出了一个意见,从公司管理制度方面、文件流转的程序到报告的层面都采取相关措施,比如向外传输涉密文件的时候,有什么报告的体系等。此类管理规章制度,以及每一次关于相关人员的会议记录作为公司对涉密材料采取措施的证据提交,可以起到补充证明作用。其实严格地从法律层面分析,这些不是很严谨的保护措施,同时办案机关也表示过,证明材料不太完善,还是有缺陷的,但最终办案机关还是会一定程度地采纳提交的证据。

其次是关于经营信息的范围。与经营信息有关的商业秘密侵权案件中如何认定潜在客户。其实从鉴定的角度去看待潜在客户信息的话,它作为经营信息是否能完全地被认定为商业秘密,答案是不确定的。之前办理过一个案件,由于被告人是销售主管,他全面地掌握了已有的大客户,且他是潜在客户的第一接触人,所以销售主管如果转移潜在客户对企业的损害非常大。所以在本案中后续借助了经侦的手段,办案机关调查到已经与被害公司接触过的潜在客户转移到了其他的商业主体并且形成了一些交易。事实上,被害企业的业务在市场上一直是往上增长的趋势,每年都会有所增长。但是在过去的一年中就只是一个维持的状态,持续的订单只发生在与原来的客户之间,新客户的增长率几乎为零,而转移潜在客户的商业主体在这一年飞速成长。所以,侦查机关认可了潜在客户属于经营信息的主张,认定潜在客户为商业秘密,且潜在客户与其他商业主体的交易数额也是企业的损失。我们向企业提供了逻辑关系和实施情况的书面说明以及建议,这个法律分析一定程度地起到了作用。

最后是企业关心的弥补损失或获得损害赔偿的问题。潜在客户转移到另一个商业主体,其产生的销售量或者净利润能不能成为我们直接要求损害赔偿的数额或者成为被害公司损失的依据?这一点,从民事的角度分析,在刑事案件确定了非法获利,在民事案件当中应该是被支持的。但是刑事案件当中是否能直接实现赔偿目的,

61·企业在面临商业秘密案件时存在的问题

企业对此非常关注。另外,启动一个民事案件时间比较漫长。我们在案件中给到的建议,也是刑事案件当中很常用到的一个建议,就是以与被告人达成谅解的方式迅速获得补偿,补偿金额可参考被告人的非法获利设定。实践中,最终能不能达成谅解还取决于企业和被告人的态度。

62 商业秘密案件损失评估问题分析

钱　浩

为什么在刑事案件里我们还要关注损失呢？侵犯商业秘密罪在《刑法修正案（十一）》之后，在一定意义上已经从结果犯变成了行为犯。这里有一个时间点需要特别注意，《刑法修正案（十一）》是2020年12月26日通过的，但是截至目前，关于侵犯商业秘密罪情节严重和情节特别严重的标准，都还没有相关的生效的司法解释。在《刑法修正案（十一）》之前，造成重大损失，是构成侵犯商业秘密罪的门槛。侵犯商业秘密罪相关的比较细致的司法解释，即最高人民法院、最高人民检察院《关于办理侵犯知识产权刑事案件具体应用法律若干问题的解释（三）》（以下简称《解释三》），是在侵犯商业秘密罪修正之前颁布的，通过具体条文内容也能发现，其实内容跟侵犯商业秘密罪现行的立案追诉标准，可以说是基本一致的。目前基本的立案标准是违法所得30万元以上，或者是造成损失30万元以上，导致权利人因重大经营困难而破产、倒闭或造成权利人其他重大损失。

根据《解释三》的规定，对损失的计算基本上可以分为三类：第一类是以销售利润的损失作为侵犯商业秘密罪的损失,销售利润就类似于民事案件中的直接损失,但是范围比民事案件中的直接损失要更小。在相应的解释中也明确规定了侵犯商业秘密罪中销售利润的损失如何计算,并且在刑事案件中,需要注意损失的计算方式存在一个前后的顺序关系。先以侵权造成减少销售的数量乘以每件产品的合理利润作为销售利润损失;确定不了减少的销售数量时,才可以以侵权产品的销售量乘以每件产品的合理利润来确定销售利润的损失;减少的销售数量和每件产品的合理利润均无法确定的,以侵权产品的销售量乘以侵权产品的合理利润来确定销售利润的损失。第二类是以合理许可使用费作为侵犯商业秘密案件的损失。第三类是因为侵犯商业秘密的行为,导致商业秘密灭失的情况。此时可以以评估出来的商业秘密的商业价值作为整个损失的标准。

此外,在刑事诉讼里,损失与违法所得是两个非常不同、相对独立的概念。在民事诉讼中计算损失,本质上就是确定主张的赔偿数额,但在刑事诉讼中,法院一般不会判决被告人赔偿被害人,只会认定罚金有多少,有多少违法所得需要予以追缴或者责令退赔。根据《解释三》的规定,权利人因被侵权造成销售量减少的总数和每件产品的合理利润无法确定的,可以根据侵权产品销售量乘以每件侵权产品的合理利润确定。这一条就比较像是把侵权人的违法所得直接等同于损失了,但是实际上因为侵犯商业秘密罪的追诉标准,既有违法所得,也有损失,是两个完全不同的体系,不能混为一谈。在《解释三》里也明确了,因为披露或者允许他人使用商业秘密获得的财物或者财产性利益,应当认定为违法所得。违法所得根据《刑法》的相关规定,是应该追缴或者责令退赔的。实践中有一种情况,公司的员工存在跳槽型侵犯商业秘密的情形,员工跳槽到新公司后,新的公司想要其知晓的商业秘密,给付高额的年薪,包括安家费和一次性补偿费,这些费用能不能作为违法所得在刑事诉讼中主张,要求法院没收或者追缴,我个人认为此时需要根据具体情况进行判断。

下面我想和大家分享的是我们进行商业秘密的损失评估后,在刑事案件里如何呈现损失?一般来说刑事案件里的损失,要么是让权利人自己出一个损失证明,要么是通过第三方机构出一个评估鉴定意见。在侵犯商业秘密等知识产权案件里,通常有两类鉴定:一类是专业性的鉴定,另一类是对价值,包括损失的鉴定,这两类鉴定当然都不属于司法鉴定。在刑事诉讼里,虽然很多人会觉得委托第三方机构评估鉴定会给企业维权增加成本,进入刑事程序更加困难,但我个人的观点是咱们国家的刑事程序本身就存在两头堵的情况,一方面立案控告困难,另一方面进入刑事程序之后就很难出罪。本身企业出的这个损失证明,即使提供了像民事诉讼里一样的详细评估依据或者说主张依据,在刑事诉讼里,作为一个辩护律师,肯定还会质疑相关的材料,包括材料的提出主体、来源等。如果是以同行业利润标准或者是权利人自己确定的技术内涵等为依据准备的相关材料,那么辩护人在没有第三方评估的情况下,肯定会说这个是权利人主观评估出来的,跟整个行业是背离的。所以第三方评估鉴定我个人觉得是一个比较好的损失表达方式,第三方评估至少可以对什么是合理利润,什么是合理的许可使用费(尤其是在虚拟许可类的评估里),对商业秘密的商业价值等方面,做一个很好的表达。

63 刑、民案件中商业秘密的认定标准以及三要件分析

刘立杰

商业秘密案件说实话非常复杂,我多年前在给中国运载火箭技术研究院做法律顾问的时候,就陆续接触过一些商业秘密的案件,当时他们研究的不仅是火箭技术,还有很多军民结合领域的技术。从那个时候开始,我们就在深入研究商业秘密案件。

刑、民案件中商业秘密认定的标准是一致的还是不一致的?

我们经常说,刑事诉讼和民事诉讼,两类不同的诉讼案件的证明标准、举证责任是完全不同的,但能否据此认为两类诉讼案件对商业秘密的认定也是不同的?这个问题从表面上看似乎不是问题,但在实践中却是一个大问题。这里就存在理论和实践、应然和实然的区别。为什么会出现这个问题呢?主要是因为办理商业秘密刑事案件的大多是刑事法官,极少数是从知识产权庭或者民庭调过来的法官,那么就会存在实操过程中的认知差。我看了一下全国人民代表大会常务委员会法制工作委员会刑法室副主任许永安主编的《〈刑法修正

案(十一)〉解读》,他提到《刑法修正案(十一)》对商业秘密的概念进行了删除,调整的原因是《反不正当竞争法》里已经对"商业秘密"有了明确的界定,因此没有必要再通过《刑法》进行重复界定。因此,从概念的界定上,无论是在刑事领域,还是在民事领域,"商业秘密"都是同一个概念,因此它的构成要件也应该是一样的,不应该在刑事案件和民事案件里存在任何区别。

具体到实际操作层面,大家都知道商业秘密有三个要件:一是非公知性;二是价值性;三是保密措施。这三个构成要件,应然层面上在刑事案件和民事案件中应该是一样的。但实践中,第一个要件取决于专业鉴定机构和专家的意见,办案机关往往没有太大的质疑空间,除非有反证。第二个要件,并不单纯取决于一方,主要依赖于专业鉴定机构和法官的自由裁量权。比如说侵犯商业秘密造成的损失,它既可能通过鉴定,也可能通过审计,另外还可能通过被害人出具一些证明材料来综合认定。在这个过程中,任何一方的认定都不是唯一的决定性因素。就像我和崔律师一起办理的一起侵犯商业秘密案,客户经理把公司潜在的客户挖走了,如何计算损失数额?具体来说就是被害单位的客户经理,把应该到被害单位来参观产品的客户,都导流到了竞争对手那里,而且竞争对手卖的产品比被害单位更便宜,属于物美价廉型,被害单位的同类产品则属于高端品牌,产品的功能都一样,但质量可能存在一定差异。被害单位产品的利润率是30%,竞争对手的利润率是25%,这个损失该怎么认定?是认定被害单位的损失,还是认定对方的获利?还有一个情况就是产品的质量是不一样的,怎么把这个因素考虑进去?另外,存在潜在购买意向的客户名单和信息与直接形成订单的客户信息在认定损失上是否要有区别?这些问题都不是单纯通过鉴定或通过某一种证明方式能解决的,这种情况下就需要法官介入来判断。最后,关于第三个构成要件,即保密措施,更是法官介入判断最多的部分。因为对非公知性,我们有科学的检索方法,至少说它还有比较多的客观性依据,但保密措施的认定是不一样的,有很多自由裁量因素。我们之前办理过一个案件,被害单位有40家客户,他和38家客户都签署了保密协议,但是有2家国企客户,因为流程复杂、审批慢等客观原因没有签署,且这两家国企承诺没有泄露过相关的商业秘密信息,也就是说经过鉴定该信息还是属于非公知的信息。这种情况下,能不能因为被害单位没有与两家特殊的客户签署保密协议,就认定其保密措施不到位?这个问题我也曾问过很多从事知识产权审判工作的同学,大家给的答案是不一样的,至少是有争议的。因此,刑事法官和民事法官在认定同样一个事实的时候,他们做出判断的职业习惯和知识背景是有很大区别的。如果是民事案件,因为它基于优势证据思维,有51%的可能性是保密措施,就可以认定。但是,刑事法官追求的是排除一切合理怀疑,所以无形中在认定商业秘密的时候,就带入了刑事法官的视角,最终导致本来应该是同样的"商业秘密"概念,因为刑事法官和民事法官判断思路的不同,异化为"商业秘密"的概念在这两类法官眼中也不同了。这个问题短期内似乎没有很好的解决办法，所以我是极力倡导和支持"三审合一"的。鉴于此，对知识产权类特别是侵犯商业秘密的刑事案件，如果证据不存在争议，可以"先刑后民"。如果在保密措施和价值认定方面存在较大争议，我倒建议可以考虑"先民后刑"。如果民事判决确定了属于侵犯商业秘密，损失额达到30万元再去刑事立案，这种情况下刑事法官大概率就不会再通过他的职业判断进行"纠正"了。

64 侵犯商业秘密罪和商业秘密侵权的区分

刘立杰

侵犯商业秘密罪和商业秘密侵权只是情节不同吗？换言之，是不是可以说，只要构成商业秘密侵权，且达到造成损失或者获利数额在30万元以上的刑事立案标准，就一定成立犯罪？大家注意我这里说的已经不是商业秘密的概念了，而是说一个是侵犯商业秘密罪，另一个是商业秘密侵权，这又是一个理论和实践认知不同的问题。侵犯商业秘密罪的"侵犯"和商业秘密侵权中的"侵权"，至少在主观故意的要求上或者是证明标准上是不一样的。有可能主观上认定是侵权，但是达不到刑事案件证明主观故意的标准。

这里还涉及应知和明知的区分问题。在《刑法修正案（十一）》通过之前，《刑法》第219条规定"明知或者应知"都符合侵犯商业秘密罪的主观要件。但是《刑法修正案（十一）》删除了"应知"。"应知"既是一个民事上的概念，也是一个刑事上的概念。"应知"包括确实不知道或者存在过失的情形，但本罪在《刑法》中应属于故意犯罪，不应当把"应当知道"这种可能包括过失的情况也一并纳入进去。

64・侵犯商业秘密罪和商业秘密侵权的区分

《刑法修正案(十一)》删掉了"应知",但在《反不正当竞争法》中仍然保留了"明知和应知",这也同样可以说明必然存在一部分商业秘密侵权案件并不构成侵犯商业秘密罪。

此外,对"明知"的认定,在大多数的情况下采用的是推论的方法,即根据现有的证据,采用逻辑推论和经验推断的方法。对"是否存在明知"获得内心确认,只有在极少部分司法解释有明文规定的情况下,才可以采用推定的方法,由司法解释所列举的已知事实推导出推定事实,这样可以大大减轻控方对主观构成要件要素的举证责任。

65 单独提起民事诉讼与刑事附带民事诉讼所获赔偿分析

刘立杰

单独提起民事诉讼是不是比刑事附带民事诉讼获得的赔偿更优？我觉得附带民事诉讼可以提，因为《解释三》已经大范围地扩张了对损失的认定，也就是说刑事案件里认定损失或者认定违法犯罪所得的范围已经扩张了很多，不亚于在民事中所得到的保护，这是其一。其二，通过刑事侦查获得的财务数据、被告人供述以及相关侵权产品的数量、司法鉴定等，肯定要比民事里"谁主张，谁举证"要全面得多。其三，即便是有些地方不受理附带民事诉讼，也会要么劝你撤诉，要么裁定驳回。其四，在刑事案件中，如果提出附带民事诉讼，达成了刑事和解的话，对方量刑会从轻，那么在这种情况下被害人无形中获得了一个更大的谈判筹码。其五，刑事附带民事诉讼不需要交纳诉讼费用，民事诉讼要交纳诉讼费，而且刑事附带民事诉讼即便被法院驳回了，单独提起民事诉讼还会有空间。而且，刑事判决之后，再就扩大的损失另行提起民事诉讼也是可以的。

但是,经过收集分析全网侵犯商业秘密罪的裁判文书,我发现几百份刑事判决里只有十来份刑事附带民事判决。而且,我只看到了五六份获得支持的刑事附带民事诉讼判决书。为什么呢?我想可能有三个方面的原因:其一,《刑法》第64条规定:犯罪分子违法所得的一切财物,应当予以追缴或者责令退赔。如果有非法获利,那法院一般直接判决追缴或者退赔,后续就不需要启动民事程序了。但是,如果给被害人造成了损失,而被告人却没有获利,就可以通过附带民事诉讼来解决。行为人把拷贝的商业秘密文件放在家里还没用、没有获利,就被抓获了。法院根据被害人的损失认定行为人构成犯罪。其二,部分刑事法官的思维方式比较保守,他们可能不愿意在刑事案件里附带一个民事诉讼影响审限或者其他程序。其三,我想可能是当事人自己认知的原因,部分当事人可能误以为民事诉讼里获得的赔偿更高。

香港与内地刑辩实务
合作与交流

66 香港与内地在司法实务、行政执法等领域的合作

王馨仝

香港特别行政区(以下简称香港)自回归以来,实际上与内地在经济、法律方面有很多合作。在司法实务层面,已然开展了诸多合作与交流活动,这些互动对两地法治建设等都有着积极的影响。

在司法实务领域,我们能够从新闻报道中发现,香港与内地在警务合作方面存在大量的活动,像共同的培训以及交流等情况屡见不鲜。例如,2024年联合警务行动,是由广东省公安厅、香港警务处以及澳门特别行政区(以下简称澳门)警察总局联合开展的,其目的在于有力打击跨境有组织犯罪,对不法分子形成强大震慑,进而遏制各类扰乱治安的不法行为,所涉及的犯罪行为涵盖了诈骗、盗窃、赌博等一系列类型。

在行政执法领域同样有相关的联合培训活动。就拿内地证监会和香港证监会来说,二者已经举办了15期联合培训,这无疑是在持续加强双方之间的交流与合作。而司法部相关部门所开展的活动,

其实更与我们律师行业息息相关,如在粤港澳大湾区开展的三地法律部门法律人员同堂培训。要知道,我们国家当下极为重视涉外法治的发展,对涉外律师的培养更是尤为关注,为此会专门组织人员前往大湾区进行学习,此举也推动了许多内地与香港律师之间的互动与交流。

另外,在律师资格认证方面,我们也了解到一些情况。2020 年 8 月,全国人民代表大会常务委员会授权国务院在粤港澳大湾区内地九市开展相关工作,使香港法律执业者和澳门执业律师有机会取得内地执业资质,进而从事一定范围内的内地法律事务,目前已经有不少香港和澳门的律师成功获得了内地的律师执业资格。

在实践当中,我们从一些具体个案里能够察觉到,在涉外的刑事案件领域,确实存在一定的取证困难,这是实务中会面临的状况,这就要求我们更深入地了解香港和内地的具体法律规定,如此才能助力我们在涉外刑事案件中取得更理想的结果。

67 香港刑事程序的启动

王 宇

我前往香港的法院出庭时,察觉到一个现象越发普遍,那就是被告名字越来越多地以拼音方式呈现。换言之,越来越多的内地居民在香港涉及刑事案件当中了。内地居民在香港遇到刑事案件时,他们起初可能并不知晓香港有哪些律师,所以第一反应大概率是先找内地的律师,期望能通过内地律师帮忙介绍香港的律师。刑事案件的时间因素至关重要,客户在被截停那一刻,或许仅有 15~20 分钟的时间去寻找律师,在如此宝贵的时间里,内地律师接到咨询后,若能够迅速给出急救式的初步意见,把客户应有的权利和义务都阐释清楚,并且掌握一些最基础的信息,以便后续进一步联系沟通,这无疑是颇具现实意义的。

首先,我想跟大家着重解释一下香港与内地在观念上的不同之处。在我看来,这是内地同行接触香港刑事案件时面临的一个较大的差异点。第一,香港的法律制度中不存在行政责任这一分类。也就是说,任何案件不是民事责任范畴,便是刑事责任范畴。所以,很多时候当客户跟您提及其可能面临处罚,或者是政府对其提起的相关程序时,您第一时间就得想到这有可能是一个刑事案件,而不要习惯性地认为是行政案件,因为香港确实不存在行政案件这一分类。第二,香港的刑事案件是按性质入刑的,并不需要证明存在一个量化的过程。例如,盗窃行为,在内地可能需要达到一定的金额标准才能入刑,然而在香港,您去便利店拿包巧克力,没付钱就走出店铺,那便可能被人以店铺盗窃为由进行控告,这毫无疑问就是一个刑事案件。第三,关于袭击罪的情况需要说明。在香港,最轻的袭击行为被称作普通袭击,到底有多"普通"呢?就比如您在和别人吵架时碰了对方一下,或者在地铁上不小心碰到别人,对方只要声称您这是袭击行为,然后报警,就可以形成一个刑事案件。要是对方认为您是带有恶意的攻击,哪怕对方没有受伤,同样能够构成刑事案件。这也就是为什么在香港人们往往都是动口不动手,因为一旦先动手了,无论对方之前的口头言语攻击有多恶劣或者有其他什么情况,只要您先动了手,那就是袭击行为。

其次,香港警方是如何启动一个调查程序的?警方一旦发现有证据显示正在发生刑事案件,便有权介入并启动调查。在香港,一旦被卷入刑事调查当中,警察则有权扣留当事人48小时。在这48小时内,警方会开展一系列工作。第一,警方肯定会做的就是对犯罪嫌疑人录口供,这个过程律师是可以全程陪同的,哪怕是在讯问期间,律师也能在场。第二,根据案件的性质,有时候警方会决定是否去搜查住所或者办公室以获取相关证物。例如，在涉及毒品的案件中，如果发现某人身上携带毒品，那么其家中很可能也藏有毒品，所以警方大概率会采取搜屋的行动。此外，还有廉政公署，其调查方式有时候和大家在电视剧中看到的颇为相似，他们常常会在早上 6 点钟上门搜屋，廉政公署的调查往往就是以搜屋作为启动方式的，并非像在街上把人截停下来那样。廉政公署上门搜屋时，往往一进去就会要求当事人交出手机和电脑，并且会告知当事人，他们持有搜查令，凭借搜查令，他们有权进入住所，有权检索、提取所有的电子产品，包括手机和电脑。这里有一个非常重要的知识点需要大家注意，尽管搜查令赋予了他们扣押手机和电脑的权力，但实际上他们并没有权力要求当事人交出密码。这便是我们在面对电子产品取证时，需要知晓的如何保护当事人权益的要点所在。

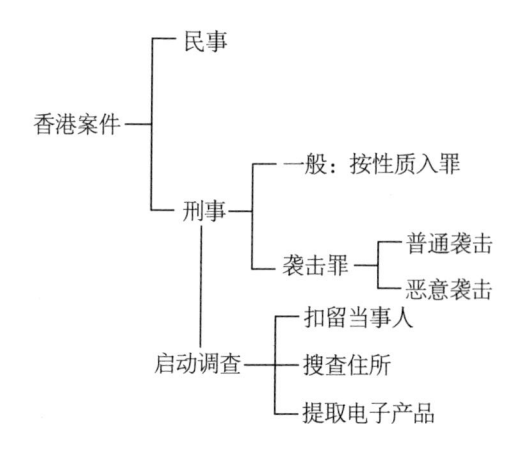

```
香港案件 ┬ 民事
         │
         ├ 刑事 ┬ 一般：按性质入罪
         │      │
         │      └ 袭击罪 ┬ 普通袭击
         │               └ 恶意袭击
         │
         └ 启动调查 ┬ 扣留当事人
                    ├ 搜查住所
                    └ 提取电子产品
```

68 香港与内地合作的优势及刑辩技术的发展

张旭涛

首先,关于内地与香港的合作,我认为这是当前极具必要性和发展潜力的领域。香港和内地山水相连,并且香港没有外汇管制,一旦资金通过地下钱庄进入香港,只要不是通过洗黑钱获得的资金,哪怕是对敲的资金,在香港都不认为是违法资金,不会被没收和刑事扣押冻结,但按照内地的法律规定,在内地采取对敲这种方式,肯定是涉嫌犯罪的。所以两地之间的这种差异会导致有相当一部分资金通过对敲方式,由地下钱庄进入香港。同时,我们也注意到,服务贸易领域存在大额逆差,其中旅游是主要的逆差来源。这种逆差不仅反映了人们在旅游方面的消费能力,也暗示了资金转移的可能性。香港作为资金转移的重要通道,其地位不容忽视。因此,加强内地与香港的合作,特别是律师之间的合作,对防范跨境犯罪、促进资金合法流动具有重要意义。通过互相了解不同法律体系下的法律规定和刑事措施,我们可以为客户提供更加专业的法律服务,帮助他们解决实际问题。

其次，我想谈谈涉外法律人才培养的问题。目前，我国更多地关注涉外法律人才的培养，在涉外刑事法领域的人才却相对稀缺。然而，随着全球化的深入发展，涉外法律问题的复杂性日益增强，对涉外刑事法律人才的需求也越来越旺盛。因此，无论是国家、律师协会还是律师事务所，都应该加强对涉外刑事法律人才的培养和重视。通过差异化的竞争策略，提升自己的涉外刑事法律专业能力，为客户提供更高水平的法律服务。

再次，我认为我们的刑事辩护技术也需要迭代更新。近年来，《刑事诉讼法》经过几次修改，引入了大量域外的先进经验。这些新制度和新规定对我们的刑事辩护技术提出了更高的要求。传统的刑事辩护技术已经难以适应当前法律环境的变化。因此，我们需要不断学习新的刑事辩护技术，提高自己的专业素养。同时，我们也应该积极借鉴普通法系国家的先进经验，兼容并蓄地学习他们的刑事辩护技术。

最后，我想谈谈与香港律师合作的优势。香港律师既懂英美法系又懂中文，这使我们在合作中能够减少很多障碍。在刑事辩护技术的迭代更新方面，我们可以向香港律师学习他们的先进经验和方法。比如，在沟通能力、交叉询问、证据分析和说服力建设等方面，香港律师都有很多值得我们学习的地方。通过与他们的合作和交流，我们可以不断提高自己的刑辩技术水平。

69 对《香港国安法》涉国家安全犯罪案件特殊规定的解读

张冬硕

2020年6月30日第十三届全国人民代表大会常务委员会第二十次会议通过《中华人民共和国香港特别行政区维护国家安全法》(以下简称《香港国安法》),并在《中华人民共和国香港特别行政区基本法》附件三中增加该全国性法律,由香港在当地公布实施;香港立法会于2024年3月19日全票通过《维护国家安全条例》。《香港国安法》第17条规定香港涉国家安全犯罪案件,原则上由香港管辖(由香港警务处国家安全处负责调查危害国家安全犯罪案件,由律政司国家安全犯罪案件检控部门负责案件的检控工作),但第55条规定了中央管辖的例外情况。

《香港国安法》第55条规定了中央对香港危害国家安全犯罪案件行使管辖权的特定情形。对中央特别管辖的香港危害国家安全犯罪案件,其立案侦查、审查起诉、审判、刑罚执行等诉讼程序及当事人的权利义务均适用《刑事诉讼法》等相关法律。由此,内地律师有机会作为辩护人介入此类案件。《香港国安法》第55条规定了三种中央对危害国家安全犯罪案件行使管辖权的情形:"(一)案件涉及外国或者境外势力介入的复杂情况,香港特别行政区管辖确有困难的;(二)出现香港特别行政区政府无法有效执行本法的严重情况的;(三)出现国家安全面临重大现实威胁的情况的。"需要由中央管辖的案件,由香港特别行政区政府或驻香港特别行政区维护国家安全公署(以下简称驻港国安公署)提出申请并报中央人民政府批准。上述规定较为笼统、抽象,缺乏具体、明确的界定。因此有待通过立法、司法解释或司法判例进一步细化适用条件。

　　案件经批准由中央管辖后,驻港国安公署有权直接对案件行使调查权,由指定管辖的内地司法机关审理案件,并适用《刑事诉讼法》的相关规定。案件诉讼程序大致可以分为以下四个阶段。一是立案侦查。香港危害国家安全犯罪案件经报中央政府批准由驻港国安公署管辖后,可开展案件的立案侦查工作,可对犯罪嫌疑人采取拘留、逮捕等限制人身自由的强制措施,可讯问犯罪嫌疑人、询问证人,可采用勘验、检查、搜查、查封、扣押、冻结等侦查措施收集证据。二是审查起诉。案件在驻港国安公署侦查终结后将被移送到最高人民检察院指定的内地检察院进行审查起诉。三是审判。检察院提起公诉后,将由最高人民法院指定的内地法院进行审判,若被告人及其法定代理人,不服法院第一审判决,则有权向上一级人民法院上诉(被告人的辩护人和近亲属经被告人同意,可以提出上诉);若当事人及其法定代理人、近亲属认为二审裁判有错误,则可提出申诉。四是刑罚执行。若被告人被判决有罪,则根据《刑事诉讼法》的规定由交付执行的人民法院在判决生效后 10 日以内将有关的法律文书送达公安机关、监狱或者其他执行机关执行刑罚。

《香港国安法》第 58 条规定,犯罪嫌疑人自被驻港国安公署第一次讯问或者采取强制措施之日起,有权委托律师作为辩护人。该规定与《刑事诉讼法》一致,明确了侦查阶段犯罪嫌疑人仅可委托执业律师作为辩护人。鉴于案件适用《刑事诉讼法》且在审查起诉和审判阶段由内地检察院、法院管辖,因此辩护律师应当精熟内地的刑事程序法和危害国家安全犯罪的辩护技能,并具有中华人民共和国律师执业资格;同时应当具有一定的涉外法律服务经验,熟悉英美法系国家的经济、社会和语言环境。

《刑事诉讼法》修改设立
涉外专章问题研讨

70 以个案推动立法,实现理论与实务相结合

田文昌

在我们京都所讨论这样的问题,恰恰体现了京都所的情怀。为什么这样讲?因为我们京都所历来就有一种情怀或有(一个)目标,(就是)京都所要打造成理论与实务相结合的高端平台,同时京都所要充分发挥律师在办理案件中能够起到的以个案推动立法的作用,京都所这样努力了,这样做了,确实有一定程度的收获。今天我们要讨论《刑事诉讼法》当中涉外案件设专章的问题,这也体现了京都所作为一个理论与实务相结合的高端平台的这种重要作用。内容很明确,意义很重要。虽然它是个很具体的问题,就如过去探讨的取消收容遣送、劳教都是具体问题,但是其作用相当大。我们律师的责任是什么?我想我们有这种责任来关注这类问题,有这种责任来发声。

71 《刑事诉讼法》是否应就涉外问题明文规定

田文昌

就《刑事诉讼法》设立涉外问题专章,我有几点体会。在现状下,涉外的刑事案件往往是法无明文规定的特例,法律上没有明确规定,但是有些政策性的规则,具体做法上不透明。这种状况长此下去是有问题的,不透明会引发外界的非议和猜疑。关于涉外问题设立专章的必要性。我认为主要有两个方面:一方面是涉外案件的数量在增多,另一方面是敏感度在增强。至于具体如何规定?在规定当中有什么问题?如果明文规定的话,如何体现涉外刑事案件特殊性和特权性的差别?这些是要深入研讨的问题。涉外刑事案件有特殊性是不言而喻的,但是特殊性等不等于特权?因为我们现在很多权利实现不了,那么在立法中怎么规定?你不规定有问题,你规定明确了,跟国内的刑事诉讼案件有什么差别?总体上来说,《刑事诉讼法》的涉外专章既要保障涉外案件当事人国际上通行的权利,又能够体现出中国公民和外国公民刑事诉讼权利的平等性。

72 《刑事诉讼法》涉外程序修改的时代背景

樊崇义

这一次拟修改的《刑事诉讼法》涉外程序这一部分,是我们立法中的一个空缺。为什么要填这个空白?我想对这个问题的认识,有两点需要大家认真思考:第一,如何用司法现代化的标准、理念、认识来看待涉外程序。过去我们修改是因为改革开放,经济要发展,这次修改也有一个非常特殊的意义,就是要实现中华民族的现代化,司法也要实现现代化。习近平总书记就"什么叫司法现代化,如何实现司法现代化"提出要发扬斗争精神、守正创新、奋力推进。这是在2024年年初的中央政法工作会议上,对司法现代化的具体的阐述。我讲这个方面是什么意思,也就是说这次涉外程序上修改不是一个一般的行为,这是在国家司法现代化、中华民族实现司法现代化这样一个标准理念要求下来搞的。第二,党的二十届三中全会有多处提到如何加强涉外法治的问题,从整个国家的发展和进步,以及我们的实际需要的角度来看,涉外法治建设还需要加强。

73 涉外程序的现代化、基本原则和特有程序

樊崇义

从《刑事诉讼法》的产生到三次修改,我们经常主张的原则是"宜粗不宜细",越简单越好,这和精密司法、现代化的司法、程序正义的原理是相矛盾的。所以这一次的修改,我们要一改过去的这些做法,理念标准要提高,要用现代化的标准看待涉外司法程序。无论从国际标准,从我们国家发展的形势来看,还是从形式化的结构,从现实的需要来看都需要加强涉外程序建设。同时涉外程序还不是一般地调整、修改,而是要突破体例,单独设编或者单独设章。

我的设想是不把它放在特别程序里,涉外程序和国内的程序,应该并驾齐驱。就涉外程序这一部分,首先要规定进行涉外诉讼的基本原则,一共涉及以下四个原则:(1)主权原则。这是我们坚持不能动摇的。(2)信守国际条约原则。我们需要从国家的形象出发,从我们国家的地位出发,从人民群众的愿望出发来认真思考《刑事诉讼法》应如何就涉外程序这些理念上的问题、标准的问题、非常重要的问题进行修改。(3)诉讼权利的保护原则。(4)制定律师辩护原则、

73·涉外程序的现代化、基本原则和特有程序

参加诉讼原则。起码要把这四个基本原则包含在涉外程序里。其次,特有程序的设立,包括以下五个方面:(1)确定涉外管辖的范围。(2)律师何时参加诉讼。(3)实施强制措施(对外国人的强制措施如何实行要作详细的规定)。(4)关于诉讼期限,由于在国外,各方面不方便,诉讼的期限规定要长,必要的情况要延长。(5)证据收集、保管,通过司法协助获得的证据的效力如何?从没有建立司法协助制度的国家收集的证据如何来使用?此外,判决执行过程要审时度势。我们已经有了司法解释,像最高人民法院的司法解释,包括司法协助在内,一共是两章二十二条,将这些司法解释进行总结,再加上我刚才说的内容单设一编,统一规定在《刑事诉讼法》中。

74 国家对涉外法治的重视及《刑事诉讼法》设立涉外专章的现实必要性

王馨仝

2023年全国人民代表大会常务委员会公布了立法规划,其中一共有三类立法项目,第一类就是现在条件比较成熟的,要在任期内提修法的审议草案的,一共有79项,第62项就是《刑事诉讼法》修改,所以现在无论是在实务界还是学术界都重点关注《刑事诉讼法》修法的意向。与此同时,涉外法治建设是我国的重点任务,我国要完善涉外领域的立法和涉外法治体系,并且要加强涉外法治人才的培养。司法行政机关把涉外律师的培养作为工作的重中之重。北京市司法局,从2023年开始遴选并且培养百名涉外律师,培训期间为三年,既有校园内上课的安排,也有到国外相关的机构学习的规划,所以在涉外人才培养这一块也是相当重视的。涉外案件既有民商事也有刑事,从最高人民检察院工作报告上我们就能看出来,涉外民商事案件的量和涉外刑事案件的量相差还是很大的,不过涉外刑事案件呈现出增长的趋势。检察院和法院也在大力培养涉外办案人员的这种办案能力,有专门的培养机制,也出台了相关的文件。涉外刑事诉讼程序的具体规定,可能直接与涉外相关的,是在《刑事诉讼法》总则的第17条和第18条。第17条是平等适用原则,对外国人犯罪应当追究刑事责任的要适用本法;第18条是原则性的规定,是有关刑事司法协助方面的。第五编特别程序第三章是缺席审判程序,缺席审判程序本身其实就涉及一些涉外因素,因为从缺席审判的条件适用上来讲,就需要相关的起诉书以及传唤的通知有效送达;如果说这个缺席的人员在境外,就涉及通过刑事司法协助或者通过其他的我们国家法律能够认可的方式进行送达。第五编特别程序的第四章是违法所得没收程序,现在我们国家有一例案件,是我们国家的违法所得没收裁定已经在国外得到了承认与执行,这涉及我们国家刑事判决裁定的境外认可与执行问题。除此之外,其实就是一些细节性的规定,无论是管辖权,还是涉外刑事案件嫌疑人的律师辩护权、翻译权、领事会见权,这些具体的权利其实没有在《刑事诉讼法》里面被具体规定,而是散见于相关的规定中,比如说2018年施行的《国际刑事司法协助法》,对我们需要向外国调证或外国请求我国调证等情形,都规定了通过国际刑事司法协助的方式来进行。

从法的位阶上来讲,无论是刑事诉讼法解释还是检察院的诉讼规则、公安机关程序规定等,实际上都有一定的侧重点,检察院出具的规定,就是检察院对这些案件是怎么办理的,法院出具的规定是法院对这些案件是怎么办理的。那我们律师在这类案件当中或者说在刑事司法协助这样的案件当中能做什么？我们参考《民事诉讼法》，可能是因为涉外民商事案件量本来就很大，现在也有现实的审判需求，所以《民事诉讼法》进行的专编规定，可以和我们刚才讨论的《刑事诉讼法》的整个篇章体例进行对比。其实《民事诉讼法》在这方面是规定得比较完善的，既有原则也有管辖、送达、仲裁、司法协助，方方面面都有系统性的规定。

我们认为涉外刑事诉讼设立专章的现实必要性，可能主要体现在：现在规定比较零散，也难以面对实际的需求；法与法之间的衔接有待完善；各个部门主要考虑的问题有一定倾向性；律师在这些案件当中的诉讼权利可能缺乏系统性的规范以及保障。涉外刑事案件虽然总体数量现在是几千件，但也呈现出逐年上涨的趋势。从可行性的角度来看，涉外刑事诉讼在一些分散的刑事诉讼法解释、部门规章中都有相关的规定，可以把它们整合一下，所以设专章就具有一定的现实可行性。另外我们参与的国际条约，当中的义务也需要进行本国法的转换。现有的提法主要有三种。一种是对相关的刑事诉讼规则，可以设立单独的法律规定。另一种说法是把所涉及的内容穿插到相应的（章节），比如说（把）涉外证据、管辖穿插到常规的证据和管辖规定中。还有一种提法，就是设立专章，涉外刑事案件里才会遇到的管辖上的争议也好，刑事司法协助的基础也好，把它们放在专章里去规定。

75 《刑事诉讼法》涉外专章中"涉外"概念的界定及正当性、合理性分析

门金玲

我们在谈涉外案件的时候,主要有两个维度。一个维度是司法协助的部分,因为司法权是国家权力之一,它肯定要涉及两个国家权力的对接,所以要以公约为背景。把司法协助这个部分放到整个涉外专章,肯定是《刑事诉讼法》将来要完善的部分,因为我们现在是没有的。但是我们辩护律师经常在实践中遇到的问题,可能还有一些是司法协助之外的,也进入了我们今天讨论的涉外刑事案件的范围里,就是不涉及司法协助的,也就是另一个维度。将来(立法中)这个刑事涉外专章,其实就应该对涉外的概念作一个严格的界定,因为毕竟是《刑事诉讼法》,而不是司法解释。司法协助这一块肯定要完善,并且是要纳入《刑事诉讼法》当中去的,这一点是毋庸置疑的。现行司法解释中涉外程序所涉及内容,除了司法协助之外,还涉及外国人或者中国人外逃或者到境外取证等情况。说到境外取证,其实存在两种途径:一种是涉及司法协助的方式,另一种是自己去取。这种自

行获取的情况可能内部就自行确定了,没有必要将其放到涉外相关内容中,否则就会出现逻辑上的混乱。因为刑事诉讼法具备两个功能:一是人权保障,二是作为《刑法》的工具。这个涉外专章里涉及的司法协助的部分,把公约内容落实到位是没问题的。但要是出现涉及在具体办案流程中适用当事人本国《刑事诉讼法》时的人权保障部分,很可能就行不通了,总不能出现外国人的家属可以会见,而中国人的家属在刑事诉讼过程中却不能会见的情况,这样的权利是不可能单独赋予外国人的。司法协助之外的内容是不能出现在涉外专章中的,不是有外国人的案件,或者有外事因素的案件就可以称为《刑事诉讼法》上的涉外案件。

立法是一件极为严谨的事情,必须通过正当性和合理性的考量,可不是仅仅解决了眼前的事情就行,因为后续可能还会产生诸多的影响。

76 《刑事诉讼法》修改设立涉外专章的相关问题分析

王在魁

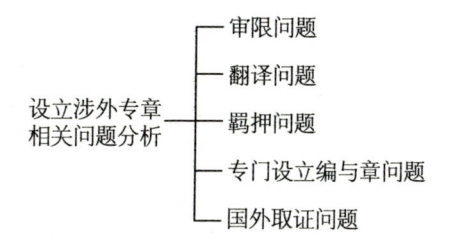

设立涉外专章相关问题分析
- 审限问题
- 翻译问题
- 羁押问题
- 专门设立编与章问题
- 国外取证问题

第一个是审限问题。我们这个《刑事诉讼法》,既然规定了审限,到时候在涉外诉讼当中肯定也要规定审限,但是这个审限就不能像国内的一审、二审审限;如果按照现有的审限规定,最后涉外刑事诉讼案件没有完结,涉外刑事诉讼规定就形同虚设,那法律的权威在哪?规定了就得照这个执行,如果规定了大家没照这个执行那还不如没有,所以审限一定要宽。应该宽多少?我感觉起码一审审限需要半年,不行的话再延长半年,二审也要相应延长,四个月不行,再延四个月,大概这么规定,以保证大部分的涉外案件能够在审限之内审完,这方面需要探讨。

第二个是翻译问题。我在广东工作年限比较长,在广东,案件需要翻译的,都是由翻译公司来完成,请翻译公司到法院来备案,有的没有翻译公司的话,尤其小语种,就到广州外国语学院请人,不过确实存在他们外语好但是不懂法律语言的问题。不过如果是长期从事翻译的,时间长了,关键的法律术语也就学得差不多了,只是一定得培训一段时间。所以说涉外案件的翻译工作应该交由一个相对固定的群体来完成。这要怎么办?尤其小语种,是各省弄,还是全国弄,还是大区弄?但一定要由相对专业的人来当翻译。

第三个是羁押问题。其实抛开涉外不讲,在正常的司法活动中,我认为要尽量少羁押,因为羁押成本是很高的,而且现在从技术角度完全可以对涉案人员进行有效监管,比如可以给相关涉案人员戴个箍,不能随意出小区,小区到处都是监控,有什么不可以的?其实是可以做到的,当然涉外案件也是。

第四个是专门设立编与章的问题。我觉得应该把它设计得尽量简洁一点,其他有相关规定的就不用再考虑,就是主要考虑涉外的特殊的东西。整体上特殊的就写,不特殊的坚决不写,做到条文精练。

第五个是律师到国外取证问题。这个问题大家讲得也比较多,我主要从意义的角度讲。从打击犯罪的角度来看,实际上被告人、辩护人和侦查机关像在打仗,双方在互相较量,但是刑事司法不是打仗,要讲规矩。实际上可以说绝大部分被告人,面对国家公权力的时候,他都是弱者,我觉得取证可以设立一个一般的规定。

77 《刑事诉讼法》修改设立涉外专章的必要性分析

张晓鸣

我们对外开展刑事司法协助类的国际合作,主要依据有两类:一类是对外缔结的条约,另一类是已有的国内法。比如说在刑事领域,有《引渡法》《国际刑事司法协助法》等,这些都是准备从事国际刑事司法协助工作的公权力机关所必须掌握的。这里的公权力机关指的是从事国际刑事司法合作的侦查机关、公诉机关、审判机关以及刑罚执行机关等。我们缔约之后必须有体制机制的建设,仅有条约严重不足,我个人认为目前站在中国的角度来讲,我们的涉外刑事犯罪形势异常严峻。

我赞成在《刑事诉讼法》中设立涉外专章,它最大的意义是要求从事涉外刑事案件侦查、起诉、审判和执行的各机关依据《刑事诉讼法》行事。我赞成设专章,但是的的确确,在设专章的同时,我们要精雕细刻,在通过法律来请各部门重视的同时,确实有一个内外一视同仁的问题,怎么样巧妙地、认真地平衡,这个很重要。到现在为止,关于主动适用国际条约提出司法协助请求的法律规定还不是太明确,虽然我们已经有了《引渡法》《国际刑事司法协助法》,但到目前为止,国际条约究竟在我们国家法律体系当中处于什么样的位置,这个很重要,只有规定了这个,我们的有关机关才会在他们办案、审案当中强化主动用条约来开展合作的意识和能力建设。所以我在这里呼吁,我们有必要对刑事类的国际条约在我们中国现行法律体系当中的位阶问题进行研究,并通过立法来把它解决好。

关于开展国际和涉外刑事案件的调查、起诉、审判等工作的规定散见在很多的法律中。在这我还想专门提一下,就是设专章有几个衔接问题需要注意,第一要与宪法规定的原则宗旨相衔接,第二要与我们已经生效的双多边国际条约相衔接,第三要与我们既有的刑事法律类的大法相衔接,第四要与已经生效的其他刑事类的法律相衔接。我认为《刑事诉讼法》设立涉外专章,能为日后我国刑事法律的法典化奠定重要的基础。

78 跨国经济犯罪多发背景下《刑事诉讼法》涉外专章中的辩护律师涉外取证权等问题分析

张旭涛

涉外专章的设立是非常有必要的,因为我们对这么多年的整个经济发展的形势,国际、国内的大形势的变化,感受是比较强的。我们有一个预感,未来涉外犯罪的案件,或者说国内刑事案件增加涉外因素导致发生国外取证的这种情况会越来越多,因为现在我们的企业在大量地出海,国家也在鼓励企业到境外去投资。另外,近期我们也感受到资金外逃比较严重,目前跨国经济犯罪是非常猖獗的,在洗钱、电信诈骗、逃税、贪腐等资金转移的问题上,我们要特别关注。法律往往具有滞后性,经济发展和犯罪活动是不断进行的。而经济犯罪的主要目的是谋取钱财,人、证、赃这三点无疑是关键所在,所以我们认为未来在涉外犯罪这个领域可能会面临很大的问题,那么在法律方面要做好准备。

《国际刑事司法协助法》,还有最高人民检察院、最高人民法院、

78·跨国经济犯罪多发背景下《刑事诉讼法》涉外专章中的辩护律师涉外取证权等问题分析

公安部发布的规定以及最高人民法院的司法解释,更多的是考虑到国家层面通过最高的司法机关怎么和境外的司法机关合作。但是这些规定都存在一个问题,即没有考虑到辩护律师到境外取证的问题。所以未来需要有《刑事诉讼法》这样的一个大法,站在国家层面,不是考虑部门利益,而是考虑整个国家的综合的公平正义。只有平衡各方面的利益才能实现真正的公平和正义,因此从这样的一个角度立法很有必要。

目前境外取证的法律规定大概是什么样一个状况?在涉外取证案件中,我国规定由办案机关向国外提出取证的协助请求,同时办案机关还有权派员在场。这个规定实际上是非常强大的,它几乎涵盖了我们整个侦查机关、调查机关在办理案件过程中所有的权力范畴,包括找人、找账户、找资金,取相关的各种各样的证据,进行鉴定、勘验、搜查等,所以在这个方面法律的规定是很完善的。同时,我们还有一个刑事司法协助机制,启动该机制需要提出取证协助请求书,在取证协助请求书上列明需要国外配合的事项。我们知道,国内要想启动国际刑事司法机制需要公安部、最高人民检察院、最高人民法院或国家安全部等,通过司法部的国际刑事司法合作局和国外的司法部合作,然后再由国外的司法部往下分派。所以我们能看到这样的一个机制,它实际上有一个漫长的传导链条,即从基层的办案单位,层层上报到公安部等部门,通过司法部,再和对方司法部对接,然后再往下分派。这样就会出现前述我们提到的严重的问题,一个是办案的时效问题,一个是经费问题,更为关键的是,办案单位通常不会仅因辩护律师想获取无罪的证据就启动国际刑事司法合作。将来在设专章的时候就要考虑到保护辩护人的合法权利问题。我们的《刑事诉讼法》修改所设专章,应争取把辩护律师涉外取证权的内容加进去,这样才可能赋予辩护律师相应的权利。

从我们办理的一些涉外案件中可以发现,翻译是一个严重的问题,翻译不专业就很难保障庭审效果,所以未来在《刑事诉讼法》的涉外规定中,对翻译要提出适当的要求。目前我们关于翻译的规定太少太简单了,而且这方面人才也非常缺乏,可以考虑由高校法学院或其他法律相关部门和外国语学院共同培养法律翻译人才。

《刑辩百人谈》嘉宾简介

(排名不分先后,按访谈顺序排序)

田文昌:北京市京都律师事务所创始人、名誉主任;中华全国律师协会刑事专业委员会顾问;中国法学会刑法学研究会名誉顾问;西北政法大学刑事辩护高级研究院名誉院长、博士生导师。

朱勇辉:北京市京都律师事务所主任、高级合伙人;北京大学法学院法律硕士刑法中心兼职导师;西北政法大学刑事辩护高级研究院副院长。

刘立杰:北京市京都律师事务所刑事二部主任、高级合伙人;中国政法大学刑法学博士;中国政法大学刑事司法学院实践导师。

曹树昌:北京市京都律师事务所高级合伙人;职务犯罪、经济犯罪研究专家。

张雁峰：北京市京都律师事务所高级合伙人；《法治日报》律师专家库成员；"建党百年行业先锋人物"。

夏俊：北京市京都律师事务所高级合伙人；北京邮电大学研究生校外实践导师；西北政法大学刑事辩护高级研究院研究员。

王馨仝：北京市京都律师事务所高级合伙人；北京市律师协会涉外法律服务委员会副主任；最高人民检察院"控告申诉检察专家咨询库"专家。

王在魁：北京市京都律师事务所高级合伙人；全国审判业务专家；原某省高级法院刑庭庭长、审监庭庭长、执行庭副局长、审判委员会委员。

孟粉：北京市京都律师事务所合伙人；前资深检察官；北京市律师协会证券法律专业委员会委员；北京企业法律风险防控研究会理事。

李静：北京市京都律师事务所律师；北京市犯罪学研究会理事；北京市朝阳区律协企业合规建设业务研究会理事；曾供职于资产管理公司。

门金玲：中国社会科学院大学副教授、硕士生导师；西北政法大学刑事辩护高级研究院副院长；北京市京都律师事务所兼职律师。

刘品新：中国人民大学法学院教授、博士生导师；中国人民大学刑事法律科学研究中心副主任、法学院证据学研究所副所长。

赵岐龙：北京市京都律师事务所高级合伙人、民商诉讼部主管合伙人；对外经贸大学法学院校外实践指导老师；京都破产研究中心、京都民商研究中心主任及核心成员。

肖树伟：北京市京都律师事务所高级合伙人、党委书记；中国国际贸易促进委员会调解中心商事调解员；海南国际仲裁院仲裁员；最高人民检察院民事行政检察专家咨询网咨询专家；中国政法大学法学院兼职教授；中国银行业协会第四届法律专家库成员；中华全国律师协会法律顾问专业委员会副主任。

牛星丽：北京市京都律师事务所高级合伙人；国家市场监督管理总局认证的企业合规师；中国科学院心理研究所认证的心理咨询师。

王志强：北京市京都律师事务所律师；京都食品药品法律研究中心副主任。

印波：中国政法大学刑事司法学院教授、博士生导师，刑事司法学院犯罪学研究所副所长；北京恒都律师事务所高级专家顾问律师、刑事专业委员会名誉主任。

万力：虎诉律师事务所合伙人；大连国际仲裁院（大连仲裁委员会）仲裁员；北京市律师协会涉外律师人才库成员、互联网诉讼法律专业委员会委员。

梁禹霖：北京恒都律师事务所律师。

徐伟：北京市京都律师事务所合伙人；中国刑法学会会员；最高人民检察院刑事申诉案件律师库律师。

樊崇义：中国政法大学诉讼法学研究院名誉院长；中国法学会行为法学研究会副会长；中国检察学会副会长。

张晓鸣：中国人民大学法学院客座教授；国家律师学院客座教授；原司法部国际合作局副局长、一级巡视员；司法部公职律师。

张旭涛：国浩律师（大连）事务所管理委员会主任；大连市律师协会刑事法律专业委员会主任。

张德山：北京市京都律师事务所律师。

王宇：香港何敦律师行合伙人；粤港澳大湾区律师。

张冬硕：北京莫少平律师事务所律师。

洪燕：清华大学法学院知识产权法研究中心秘书长；最高人民法院知识产权案例指导研究(北京)基地专家咨询委员会专家；中国国际贸易促进委员会调解中心商事调解员；北京市知识产权领军人才。

金凤华：北京市京都律师事务所反垄断部资深律师；北京市律师协会专利法律专业委员会委员；专利代理师。

刘光裕：北京国创鼎诚知识产权应用技术研究院副主任；知识产权鉴定人；电子数据司法鉴定人。

柴琳琳：中联律师事务所全国执委会委员、北京办公室执行主任兼知识产权业务部主任。

汪妍瑜：上海市锦天城(北京)律师事务所高级合伙人；北京市律师协会专利法律专业委员会委员。

崔慧莲：北京市京都律师事务所反垄断部合伙人；北京市律师协会跨境投资并购法律专业委员会委员。

钱浩：北京市京都律师事务所刑事二部律师；中国人民大学法学硕士。

黄凯：北京市京都律师事务所刑事二部律师，原北京市公安局警官。

康乐：奇安信集团金牌讲师，网络安全技术专家。

张春喜：北京市京都律师事务所刑事二部顾问；中国人民大学刑法学博士，原最高人民法院刑事审判庭法官。

刘记辉：北京市京都律师事务所刑事二部律师，原北京市公安局警官。

侯志纯：北京市京都（深圳）律师事务所主任、高级合伙人；北京大学法学学士，中山大学高级工商管理硕士，曾在英国牛津大学和美国西北大学进修学习。

王惠玲：原深圳市人民检察院检察委员会专职委员；1992 年入职深圳市人民检察院，历任民事行政检察处副处长、处长、检察委员会专职委员、二级高级检察官。

戴建敏：北京市京都(深圳)律师事务所律师；第十一届深圳市律师协会职务犯罪辩护法律专业委员会委员。

王春军：北京市京都律师事务所管理委员会委员、高级合伙人；中国民主建国会会员；北京大学法学学士，中国地质大学工科学士；第十二届北京市律师协会建设工程法律专业委员会副主任。

孙景仙：北京建筑大学人文与社会科学学院法律系教授，从事教学科研 30 余年，曾任北京建筑大学党委常委、组织部部长、马克思主义学院党委书记、人事处处长。